AF452650

MEMOIRE

POUR

M. *LE MARECHAL,*

DUC DE RICHELIEU,

PAIR DE FRANCE.

CONTRE

MADAME LA PRÉSIDENTE

DE SAINT-VINCENT.

A PARIS.

DE L'IMPRIMERIE DE LOUIS CELLOT,

Rue Dauphine.

M. DCC. LXXV.

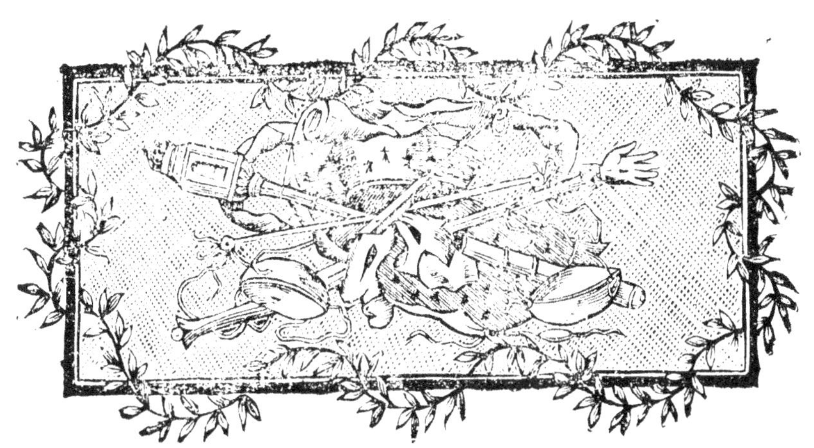

MÉMOIRE

POUR M. le Maréchal, Duc de Richelieu, Pair de France.

CONTRE Madame la Présidente de Saint-Vincent.

Monsieur le Maréchal de Richelieu, en dénonçant à la Justice le crime dont il accuse Madame de Saint-Vincent, a contracté l'obligation de l'en convaincre. Mais la preuve qu'il en devoit administrer étoit assujettie à la lenteur des formes. Le moment eſt arrivé où il peut dévoiler enfin toutes les horreurs & les abſurdités que réuniſſent le *faux* dont Madame de Saint - Vincent s'eſt rendue coupable , & la fable qu'elle a imaginée pour s'en diſculper.

Les faits (1) que M. le Maréchal de Richelieu va publier , juſtifieront l'opinion de ceux à qui l'audace de l'Accuſée n'en a point impoſé ; ils fixeront les idées des perſonnes qui ont été au moins aſſez équitables pour ſuſpendre leurs jugemens ; ils détruiront enfin les préventions momentanées qu'auroient pu faire naître dans quelques eſprits les calomnies de Madame de Saint-Vincent , & les déclamations de ceux qui ont embraſſé ſi ouvertement ſa défenſe.

---

(1) Ces faits ſont prouvés , ou par des pieces originales ; ou par les interrogatoires des Accuſés , qui ſont ſous les yeux des Juges , & qui ſeront indiqués en marge du Mémoire ; ou doivent être prouvés par les informations.

F A I T S.

MADAME de Saint-Vincent a cru devoir enchaî-
ner prefque tous les événemens de fa vie dans la fable
qu'elle a imaginée (1). On la fuivra d'autant plus
volontiers dans ce plan, qu'il n'eft prefque point de
lieux qu'elle ait habité, où elle n'ait laiffé des traces
de fon goût, de fes talens pour les faux, & de fon
habitude à les exercer.

Cinq Epoques principales partagent naturellement
les détails immenfes auxquels la néceffité de ne rien
laiffer fans éclairciffement, force M. de Richelieu de
fe livrer.

LA conduite de Madame de Saint-Vincent, jufques
à fon féjour à Poitiers, commencera le développe-
ment de fon génie & de fon caractere.

SON féjour à Poitiers la préfentera dans un jour

---

(1) Ce n'eft point dans ces libelles, compofés avec art & malignité, où
la prudence diffimule les aveux nuifibles, & où l'imagination fupplée ce
que les Accufés n'ont point eux-mêmes ofé propofer, qu'il faut chercher
le véritable fyftême de Madame de Saint-Vincent. C'eft dans fes interrogatoires, dans les réponfes qu'elle y a faites, & dans celles des co-Accufés.
C'eft à cette défenfe judiciaire & perfonnelle à Madame de S. Vincent
que l'on s'attachera uniquement, en abandonnant à leur inutilité les bro-
chures dont on vient de parler.

plus intéreſſant encore, & plus relatif à l'affaire actuelle.

On la verra enſuite conſommer à Paris, avec une intrépidité incroyable, par des faux réitérés, un projet précédé d'une multitude d'autres fauſſetés.

Le tableau de ſa conduite, au moment où ſon crime a éclaté, & avant qu'il fût dénoncé à la Juſtice, élevera contr'elle le témoignage même de ſa conſcience.

Les artifices de ſa défenſe acheveront de fixer le jugement qu'on doit porter de ſa prétendue juſtification.

Première Epoque.

La Demoiſelle de Vence eſt née en Provence dans la ville du même nom, dont ſa famille partage le Domaine & la Seigneurie avec l'Evêque.

Elle a épouſé, à l'âge de quinze ans, un des premiers Magiſtrats du Parlement d'Aix; & elle n'avoit point encore atteint dix-neuf ans, qu'elle avoit été envoyée & détenue, par ordre du Roi, dans le Couvent d'Arpajoni de la ville de Milhaud, ſituée dans le fond du Rouergue.

L'ordre du Roi, la réſiſtance qu'elle a éprouvée de la part de ſa famille, lorſqu'elle a ſollicité, au bout de vingt années, un changement de Couvent, ſuffiſent pour prouver que ce premier ſéjour n'étoit point, comme elle le ſuppoſe, *une ſéparation volontaire, produite par la ſimple incompatibilité des humeurs* *. M. de Richelieu n'approfondira point quelle étoit la nature des premieres fautes dont cet ordre étoit la punition.

Madame de Saint-Vincent, de ſon propre aveu, n'avoit encore eu aucunes relations directes ou indirectes avec M. de Richelieu *. Une occaſion fort ſimple les fit naître long-tems après ſon entrée dans ce Couvent. Milhaud ſe trouvoit dans le reſſort du Gouvernement de M. de Richelieu. Un parent de la Prieure du Couvent deſiroit une grace que le crédit de M. le Maréchal pouvoit lui faire obtenir. On ſavoit qu'il étoit allié de Madame de Saint-Vincent : ce titre parut ſuffiſant pour invoquer ſa médiation & pour en eſpérer le ſuccès.

Madame de Saint-Vincent ſe fit honneur d'un événement auſſi naturel. *Sa vanité*, pour employer ſes propres expreſſions, *fut flattée d'une relation avec une perſonne puiſſante* *. La parenté & la reconnoiſſance lui fournirent un prétexte pour engager une ſimple correſpondance par lettres, *qui n'étoit*, ſuivant elle-même, *que ſur un ton de cérémonie tendre* * ; mais qui, ſuivant les ſeules lettres qu'elle repréſente, n'étoit en effet que ſur le ton d'amitié & d'intérêt convenable à la parenté & à la situation où elle se trouvoit.

Cette correspondance ne devoit naturellement procurer à Madame de Saint-Vincent que l'avantage d'une plus grande considération dans le lieu de sa détention. Mais ses talens pour l'intrigue lui en firent tirer des ressources plus utiles.

Deux mille cinq cent livres de pension, que M. de Saint-Vincent lui faisoit payer exactement, pouvoient suffire à sa subsistance dans un Couvent situé au fond du Rouergue. Mais les informations faites à Milhaud doivent constater qu'elle y faisoit des dépenses excessives. Ces dépenses conduisoient à des emprunts, & les emprunts exigeoient un crédit. Madame de Saint-Vincent le chercha dans la qualité de parente du Gouverneur de la Province ; elle ne cessoit de faire valoir ce titre ; montroit les lettres de M. de Richelieu & en fabriquoit d'analogues à ses·vues. C'est un artifice dont on la verra user fréquemment dans la suite ; & le fait qui suit prouvera qu'elle avoit acquis ce talent dès le tems de son séjour à Milhaud.

Madame de Saint-Vincent avoit engagé le sieur Antoine, Médecin de cette Ville, à lui faire prêter une somme de 1000 livres. Flatté de pouvoir obliger une femme à qui il croyoit le plus grand crédit, il s'étoit donné tous les mouvemens nécessaires, & étoit parvenu à lui faire trouver la somme. Madame de Saint-Vincent voulut paroître reconnoissante, &

lui

lui demanda ſi elle pouvoit elle-même lui être de quelque utilité. Le Sr Antoine lui ayant répondu qu'il deſireroit obtenir une place dans l'Hôpital Militaire, Madame de Saint-Vincent prit auſſi-tôt l'engagement de le lui procurer. En effet, un mois après, le ſieur Antoine reçoit, par les mains de Madame de Saint-Vincent, une prétendue lettre de M. de Richelieu, dans laquelle il promettoit de s'intéreſſer vivement à la perſonne qu'elle lui avoit recommandée. Le ſieur Antoine, qui avoit eu occaſion de connoître à Montpellier la ſignature de M. de Richelieu, conçut des ſoupçons ſur cette lettre. Pour les éclaircir, il alla comparer la lettre avec une autre que M. de Richelieu avoit écrite au Corps Municipal. Convaincu de l'impoſture, il retourna faire les plus vifs reproches à Madame de Saint-Vincent qui, craignant que l'aventure ne devînt publique, envoya ſa femme de chambre réclamer la lettre, que le ſieur Antoine lui rendit avec indignation.

Tous ceux qu'elle éblouiſſoit de ſon prétendu crédit n'avoient pas les mêmes occaſions de découvrir ſes fauſſetés. Elle trompa pluſieurs perſonnes par des artifices du même genre, emprunta, ou obtint des crédits.

La confiance publique diminuoit. Les Créanciers s'inquiétoient & menaçoient. Il falloit chercher un ſéjour moins importun, & où elle fût moins connue.

Milhaud eſt ſitué dans le Diocèſe de Rhodès, dont M. de Grimaldi, parent de Madame de Saint-Vincent , occupoit le fiege. La mort de ce Prélat fut un prétexte aflez naturel d'implorer le fecours de M. de Richelieu pour un changement,que des circonftances plus affligeantes pour elle rendoit néceffaire. Depuis long-tems elle fe plaignoit de la rigueur de la punition qu'on lui faifoit éprouver & plus encore de la dureté d'une famille dont elle fuppofoit ne point recevoir les fecours néceffaires pour fa fubfiftance. Les bontés du Prélat lui avoient , difoit-elle, procuré des fecours & des confolations ; elle ne pouvoit plus les efpérer que du parent généreux , auquel elle devoit une partie de la confidération dont elle avoit joui , depuis qu'il avoit bien voulu prendre quelque intérèt à fa fituation.

M. de Richelieu fut touché de ces inftances. Cette femme avoit à fe reprocher des égaremens de jeunefle. Mais une punition de vingt années avoit dû lui infpirer de folides réflexions. M. de Richelieu crut pouvoir concourir à l'adouciffement de fa pofition. Il confentit de folliciter pour elle la tranflation qu'elle defiroit, pourvu que ce fût dans un Couvent. Il négocia auprès du Miniftre & de la famille de Madame de Saint-Vincent ; & il ne diffimulera point qu'il éprouva beaucoup de réfiftance de la part de quelques parens, auxquels il doit rendre la juftice qu'ils connoiffoient beaucoup mieux que lui le caractere & l'ame de celle à laquelle fa franchife & fa bonté l'intereffoient. Il réuffit malheureufement à furmonter ces obftacles, & obtint fucceffivement deux ordres , qui transfererent Madame de Saint-Vincent, d'abord à Tarbes, où elle séjourna peu de tems, & enfuite à Poitiers.

Si l'on en croit Madame de Saint-Vincent * c'eft M. de Richelieu, qui feul a defiré & provoqué ces changemens. C'eft lui qui l'a traînée de Milhaud à Tarbes, & de Tarbes à Poitiers ; & toutes ces courfes n'avoient pour but que de raprocher de lui un objet pour qui l'on fuppofe qu'il avoit dejà conçu la paffion la plus vive & la moins vraifemblable. On donne pour preuves de ces affertions, que M. de Richelieu a payé les dettes que Madame de Saint-Vincent avoit contractées à Milhaud, & qu'il lui a fait préparer à grand frais un appartement à Poitiers.

* Premier interrogatoire, art. 4.

Ces idées bizarres font réfervées aux Romans. Mais perfonne ne croira à une paffion née pour une inconnue, du fein d'une fimple correfpondance par lettres, dont les feuls monumens exiftans ne préfentent qu'une liaifon d'amitié & de parenté. Madame de Saint-Vincent auroit dû au moins avoir la prudence, en dépofant un recueil de ces lettres, d'en fupprimer une, qui dement toute cette partie de fon fyftème.

Cette lettre de M. de Richelieu eft écrite à Madame de Saint-Vincent à Tarbes, le 12 Avril 1772, c'eft-à-dire, dans le tems où il étoit queftion d'une feconde tranflation à Poitiers. On y voit que Madame de Saint-Vincent avoit elle-même laiffé à l'Evêque le choix du lieu de fa retraite, *en lui préfentant une lifte d'un grand nombre de Couvents dont elle ne*

connoiſſoit aucuns, & que M. de Richelieu, applau-
diſſant à cette conduite, ne lui conſeilloit autre
choſe que de demander *un ſéjour honnête* : ce qui
prouve évidemment que M. de Richelieu n'entroit
pour rien dans le changement qu'elle ſollicitoit.

Il n'eſt pas indifférent d'obſerver qu'il reſulte de
cette même lettre la preuve que l'affaire ſe traitoit
avec la famille & le mari de Madame de Saint-Vincent, & que M. de Richelieu n'y faiſoit que la fonction d'un Médiateur honnête, qui cherchoit à concilier les eſprits & les intérêts, & qui donnoit même
à Madame de Saint-Vincent les conſeils les plus ſa-
g s, en lui reprochant *la légéreté de ſa tête* *.

A l'égard des deux faits, ſur leſquels Madame de
Saint-Vincent prétend appuyer l'imputation qu'elle
fait à M. de Richelieu, rien n'eſt ſi ſimple.

1°. Madame de Saint-Vincent n'avoit aucune relation formée à Poitiers, où elle avoit obtenu ſa
tranſlation. M. de Richelieu, dont elle avoit réclamé
la protection pour l'obtention de la grace, ſe char-
gea encore d'écrire au Secrétaire de l'Intendance
de faire préparer pour Madame de Saint-Vincent
l'appartement dont elle avoit beſoin. Mais il n'eſt
entré dans aucun détail ſur une dépenſe, qui ne le
concernoit point, & qui n'a point été, à beaucoup
près, auſſi conſidérable qu'on le ſuppoſe. Elle ne pouvoit concerner que la famille de Madame de Saint-
Vincent ; & il exiſte une lettre de l'homme d'affaires
de ſon mari, qui prouve qu'il avoit augmenté ſa
penſion de 500 liv. par an pour l'aider à acquitter
ſes dettes.

2°. Lorfque M. de Richelieu eut obtenu la grace que Madame de Saint-Vincent avoit defirée, celle-ci lui fit l'aveu qu'elle avoit contracté à Milhaud quelques dettes criardes qu'elle ne portoit qu'à 1000 écus. Elle ne pouvoit, difoit-elle, quitter décemment fa premiere réfidence fans les avoir acquittées. M. de Richelieu ne crut pas qu'un fi foible obftacle dût priver fa parente du fruit de fes démarches, & de-voir lui refufer ce nouveau fecours. Mais il ne craint point que ce fervice généreux puiffe paffer aux yeux des ames honnêtes pour une preuve de la fable, auffi ridicule qu'indécente, dont Madame de Saint-Vincent a furchargé la premiere époque de fon Roman.

IIᵉ Epoque.

Madame de Saint-Vincent n'eft arrivée à Poitiers dans la Communauté de Ste Catherine, qu'au mois de Mai 1771.

L'empreffement prétendu qui avoit porté M. de Richelieu à l'y attirer n'étoit pas bien vif, puifque Madame de Saint-Vincent convient elle-même que M. de Richelieu ne l'a été voir, pour la premiere fois à Poitiers, que quatre mois après. Elle convient encore que, pendant le cours de deux années qu'a duré fon féjour dans le Couvent de Poitiers, M. de Richelieu n'y a été que quatre fois *.

Ce n'a même jamais été que par occafion.

M. de Richelieu n'a vu Madame de Saint-Vin-

* Premier interrog. art. 12.

cent que dans ſes paſſages à Poitiers, en allant & revenant de ſon Gouvernement : la premiere fois en Septembre, la ſeconde fois en Novembre 1771, la troiſieme & la quatrieme fois en Juin & Août 1772 ; il étoit même pluſieurs fois accompagné de l'Evêque & de quelques autres perſonnes.

Suivant Madame de Saint-Vincent, ce ſont ces quatre viſites de bienſéance, parlons plus exacte-ment, c'eſt la premiere qui eſt devenue le principe des bienfaits immenſes qui lui furent annoncés dès-lors, & dont les titres qu'elle repréſente ne ſont que l'exécution. Elle dit dans ſon premier interrogatoire, *qu'il s'eſt paſſé à Poitiers entr'elle & M. de Richelieu un événement qu'elle ne peut pas dire* * ; mais qu'elle n'a pas rougi cependant de caractériſer * dans ſon ſecond interrogatoire.

Une foibleſſe auſſi prompte ne pourroit que don-ner une idée peu avantageuſe de la vertu de Mada-me de Saint-Vincent, ſans rendre ſa fable plus vrai-ſemblable. Vainement avoit-elle voulu préparer l'é-vénement par la *curioſité* & *l'empreſſement* qu'elle avoit précédemment ſuppoſé à M. de Richelieu. On vient de voir le genre de relations qu'a produit cet empreſſement prétendu ; & peu de perſonnes ſe fe-roient perſuadées qu'elles euſſent pu devenir le prin-cipe d'une libéralité de 420,000 liv.

On a ſenti le foible d'un ſyſtême ſi ridicule ; on a voulu charger le tableau pour le rendre plus vrai-ſemblable ; cet événement, préſenté d'abord ſur un ton myſtérieux, a pris tout à coup une conſiſtance

* Premier in-terrog. art. 4.
* 2ᵉ interroga-toire, art. 19.

importante, par les bruits répandus dans le Public, qu'il en étoit résulté un enfant, qui avoit pu devenir l'objet d'un véritable attachement, qu'une aventure trop peu intéreffante n'auroit pas pu infpirer. La fable a féduit quelques efprits. On a voulu profiter d'un artifice dont on reconnoiffoit le fuccès; on a fait paroître une prétendue lettre de M. de Richelieu, & fignée de lui, qui parloit de l'éducation d'un enfant. L'un des Confeils de Madame de Saint-Vincent a montré, d'un air triomphant, aux amis de M. de Richelieu ce titre, en affurant que la reffemblance de l'écriture ne lui permettroit jamais de nier une lettre qui contenoit deux pages & demie. On a colporté à la Cour & à la Ville cette piece foudroyante, on l'a fait voir à des perfonnes en place * ; la fable s'eft accréditée ; tout a paru vraifemblable. Un Pair, un Maréchal de France s'eft vu un inftant expofé à la malignité publique, & a été dénoncé à la Société comme un homme qui ofoit méconnoître & fa fignature, & l'enfant qui avoit été le principe de fes engagemens.

Mais ce vain phantôme va bientôt difparoître, & Madame de Saint-Vincent doit à fon tour trembler du faux qu'elle a ofé employer pour en juftifier un autre.

Preffée dans fes interrogatoires fur ce fait important, Madame de Saint-Vincent a déclaré formellement, *qu'elle n'avoit jamais eu d'enfant de M. de Richelieu* *.

Mais ofera-t-elle nier qu'elle a cependant répandu cette calomnie atroce ? La notoriété du fait ne lui

* M. de Sartine.

2e interrogat, art. 21.

permettroit pas de le nier ; en l'avouant, elle démaſquoit ici une intrigue trop nuiſible à ſa défenſe. Madame de Saint-Vincent a cru ſe tirer d'un pas auſſi embarraſſant, en répondant, « qu'elle avoit bavardé en » général, en diſant devant pluſieurs perſonnes : *Eh !* » *ſi je diſois avoir fait un enfant* * ! ».

* *Ibid.* art. 21.

Mais cette lettre montrée n'eſt-elle donc qu'un ſimple *bavardage ?* Madame de Saint-Vincent ne nie point le fait, elle répond ſimplement, *qu'elle n'a point donné ordre de montrer la lettre* *.

* *Ibid.*

Ne nous arrêtons point à chercher par l'ordre de qui la lettre a été montrée. Ce qui importe en ce moment à la Juſtice, c'eſt qu'elle ſoit repréſentée ; c'eſt un délit, c'eſt un faux évident ; la lettre n'a jamais pu être écrite par M. de Richelieu, puiſque l'on déſavoue le ſeul fait qui l'auroit pu produire.

Ici Madame de Saint-Vincent épuiſe les dernieres reſſources de ſon imagination ; elle perſiſte à déclarer qu'elle n'a point eu d'enfant de M. de Richelieu ; mais elle avoue, même aux dépens de ſa délicateſſe, *qu'elle a voulu le lui faire croire, pour en tirer de l'argent* *.

* *Ibid.* art. 25.

Le détour eſt adroit : la lettre dont la fauſſeté ſembloit démontrée reprend tout à coup un air de vraiſemblance. Elle a pu être le fruit de l'erreur de M. de Richelieu, & cette erreur même auroit pu produire ces libéralités immenſes, que la ſeule exiſtence d'un enfant pouvoit rendre vraiſemblable.

Mais voilà malheureuſement Madame de Saint-Vincent engagée dans un défilé, dont elle ne pourra

plus

plus fortir. Soit que l'enfant dont il s'agit ait exifté, ou qu'elle foit fimplement parvenue à en perfuader l'exiftence à M. de Richelieu : dans les deux cas, il eft impofible qu'il n'y ait pas une forte de correfpondance fuivie entre M. de Richelieu & Md^e de Saint-Vincent fur un événement de cette nature ; que la groffeffe, que l'accouchement, que la naiffance, que l'éducation de l'enfant ne foient pas devenues le fujet de plufieurs lettres. On trouve en effet au procès plufieurs copies, tant de la main de Madame de Saint-Vincent que de la main d'un confident qui fe fera bientôt connoître, de prétendues lettres écrites par M. de Richelieu, qui fe réferent à cet événement. Que l'on repréfente donc les originaux ; car on ne prétendra pas fans doute que de pareilles copies puiffent former des titres contre M. de Richelieu. Enfin il y a au moins une de ces lettres, celle qui a été montrée depuis le procès, qui doit exifter en original. Que l'on repréfente donc & cette lettre & les originaux des autres. Autant ces originaux pourroient être utiles à Madame de Saint-Vincent, fi elle les repréfentoit, autant leur fouftraction doit tourner à fa confufion, & détruire déformais toute la foi que la Juftice auroit pu accorder à fes allégations.

Mais c'eft en vain que la Dame de Saint-Vincent eft preffée dans fon fecond interrogatoire, fur la repréfentation de ces pieces fi importantes à fa défenfe. Il ne lui eft pas poffible de fatisfaire à cet égard l'empreffement de la Juftice. « Elle a remis, dit-elle, à » *fes Confeils*, avant le moment où elle a été arrêtée,

» toutes les lettres qu'elle avoit alors en fa poffeffion.
» Ces lettres étoient au nombre *de deux ou trois cens,*
» il y en avoit une ferviette pleine. Mais elle ne fait
» l'ufage qu'on en a fait *.

Mais pourquoi fes Confeils ne les lui remettent-ils donc pas ? Elle a dû les leur redemander ? « Elle
» a fait (ajoute-t-elle) tout ce qu'elle a pu pour les
» ravoir. On lui a répondu *de ne fe point mêler de*
» *ces affaires , & qu'elle gâtoit tout en s'en mêlant* *.

Il eft difficile de concevoir comment, en repréfentant des pieces fi effentielles, Madame de Saint-Vincent pourroit *gâter* fon affaire. Mais qu'elle nous dife du moins, 1°. quels font les gens qu'elle a rendus dépofitaires de cette ferviette pleine de lettres : on les leur fera rapporter. 2°, Quels font les Confeils qui lui ont donné l'avis, auffi fingulier que funefte pour elle , *de ne fe point mêler de ces affaires* , & qui craignent qu'une Accufée *ne gâte tout* en fe défendant par fa propre bouche, & en repréfentant fes propres titres.

Madame de Saint-Vincent répond à la premiere queftion : « que c'eft l'Abbé de Villeneuve-Flayofc
» fon neveu, à qui elle a remis toutes les lettres (1).
» Mais qu'il feroit inutile de s'adreffer à lui, parce
» qu'il les a lui-même remifes au tiers & au quart ; qu'-
» elle ne fait pofitivement à qui, & ne peut indiquer
» que Me Lafitte fon Procureur, pour en avoir eues*.

* 2e interrogat. art. 21.

* Ibid.

* Ibid. art. 23.

---

(1) C'eft donc fauffement que dans fon premier interrogatoire, art. 24, elle avoit dit n'avoir point les originaux des lettres de M. de Richelieu, parce qu'ils lui avoient été pris par le Commiffaire Chefnon lorfqu'elle avoit été conduite à la Baftille.

auroit dû ajouter, pour avoir spécialement colporté & montré la lettre dont la Justice demande la représentation.

Sur la seconde question, elle répond « que c'est » tout le monde qui lui a donné ce conseil, & en » particulier l'Abbé de Villeneuve & M. de Castellanne * ». Ce dernier voudroit-il que l'on ajoutât foi à toutes les assertions de sa parente? [* Ibid. art. 24.]

Quoi qu'il en soit, voici au moins un fait sur lequel Madame de Saint-Vincent ne peut éviter de répondre affirmativement. *A-t-elle reçu de M. de Richelieu des lettres relatives à l'enfant, & singulièrement celle dont est question?* Dans une premiere séance elle veut éluder la demande, & se contente de répondre » qu'elle ignore tout ce que contiennent les lettres » de M. de Richelieu, & si elles parloient de l'é- » ducation de l'enfant » *. Mais, à la séance suivante, on lui représente qu'il est impossible qu'une anecdote aussi intéressante soit échappée à la mémoire d'une femme qui prétend avoir réussi, par cet artifice, à déterminer des libéralités immenses. Enfin la vérité sort, pour la premiere fois, de sa bouche: elle déclare « qu'elle n'a jamais reçu de M. de Ri- » chelieu de lettres où il lui ait rien mandé de rela- » tif à l'éducation d'un enfant *. [* Ibid. art. 26.] [* Ibid. art. 30.]

Voilà donc déjà, de l'aveu de Madame de Saint-Vincent, deux faux caractérisés, inventés pour sa défense. 1°. La lettre colportée par M. Lafitte, cette lettre, dont la ressemblance parfaite des écritures ne devoit point permettre à M. de Richelieu d'attaquer la vérité, eſt fauſſe. 2°. Ces copies écrites, ou dictées par Madame de Saint-Vincent, de lettres de M. de Richelieu, relatives au même fait, ne ſont pas plus vraies.

Mais ce n'eſt point aſſez de connoître ces faux, il eſt important de remonter juſqu'à l'auteur, & c'eſt la repréſentation des pieces mêmes qui doit y conduire. On ſomme donc de nouveau Madame de Saint-Vincent de repréſenter ces lettres. On lui obſerve que, depuis quatre à cinq jours qu'a duré ſon interrogatoire, elle a eu occaſion de voir & a vu certainement ſa famille & autres perſonnes qui s'intéreſſent à elle ; qu'elle a dû leur faire part de la maniere dont on inſiſtoit pour avoir ces lettres, & ſe les faire remettre. Mais cet article eſt un ſecret trop important, pour que la Juſtice arrache jamais une confeſſion totale de la bouche de Madame de Saint-Vincent : elle convient « qu'elle a parlé en effet des let-
» tres, & de la maniere dont on inſiſtoit pour qu'elles
» fuſſent repréſentées à l'un de ſes Défenſeurs. Il lui
» a demandé ſi elle ſavoit où étoient leſdites lettres,
» & ſur ſa réponſe qu'elle l'*ignoroit*, il lui a dit, eh
» bien ! *vous ne pouvez pas le dire, ſi vous n'en ſavez*
» *rien.* *

* *Ibid.* art. dern.

Puiſque les Conſeils prudens de Madame de Saint-Vincent lui laiſſent ignorer où eſt ce dépôt précieux, *de peur qu'elle ne gâte ſes affaires en s'en mêlant*, n'eſpérons point que les mêmes Conſeils trahiſſent ſon ſecret.

L'Abbé de Villeneuve « convient bien que Ma-
» dame de Saint - Vincent lui a remis la serviette
» pleine de lettres, tant de M. de Richelieu que
» d'autres personnes, mais elle en a tiré trente ou
» quarante qu'elle lui donna en garde ; la serviette
» fût reployée & portée dans une armoire en une
» chambre qu'occupoit Madame de Saint - Vincent
» à l'Hôtel des Asturies. Il ne sait ce que sont de-
» venues ces lettres, Madame de Saint - Vincent
» étant démenagée pour retourner dans son Cou- *2ᵉ interrogat.
» vent *. art. 7.

On pourroit lui objeƈter, que la plus importante
de ces lettres n'a point été perdue dans le démena-
gement, puisqu'elle a été montrée depuis l'affaire
engagée , & notamment dans un voyage qu'il a
fait à Compiegne avec Mᵉ Lafitte. Mais ce dernier
fait lui est étranger. « Si Mᵉ Lafitte a montré la
» lettre , *il lui en a gardé le plus grand secret, il au-*
» *roit certainement blessé sa délicatesse* *. * *Ibid.* art. 9.

Après des réponses aussi prudentes de l'Abbé de
de Villeneuve, on peut croire à la discrétion de
Mᵉ Lafitte. Sommé jusqu'à trois fois, en vertu d'Ordonnances du Juge , qui lui enjoignent & même
par corps de déposer la lettre , dont il a fait usage
au nom de Madame de Saint-Vincent, ou de déclarer à qui il l'a remise , il garde le plus profond silence. Il répond à la fin à une quatrieme sommation. Il
ne nie point avoir fait un usage public de la lettre. Il
ne peut point avoir oublié l'ostentation avec laquelle
il l'a montrée à l'un des amis de M. de Richelieu.

Il doit bien préfumer qu'il exifte au procès des preuves qu'il l'a lue ou fait lire à des étrangers. Mais, en réclamant le prétendu fecret que fon état lui impofe, Mr Lafitte fe contente de déclarer « qu'il n'a » point en fa poffeffion les pieces demandées. Que » toutes celles qui lui ont été remifes par Madame » de Saint-Vincent, ou par les perfonnes qui s'inté- » reffent à elle, ont été dépofées au Greffe, *& que* » *celles qui n'ont pas été dépofées, ont été remifes à* » *ladite Dame, pour en faire l'ufage qu'elle jugeroit* » *à propos.*

Ne pourfuivons pas plus long-tems ce vain phantôme qui fuit les regards de la Juftice.

MAIS Madame de Saint-Vincent nous forceroit-elle donc de penfer que nous n'avons point encore connu toute l'atrocité de fon ame ! Au moment même où elle abandonne le délit qu'elle avoit ofé imputer à M. de Richelieu, fes propres lettres femblent le réalifer, pour nous mettre en droit de lui reprocher la baffe noirceur d'avoir voulu charger M. de Richelieu du crime d'un autre.

Si l'on en croyoit un recueil immenfe de lettres écrites par Madame de Saint-Vincent au fieur de Vedel, *la confidération que donnent les grandes Dignités* n'auroit pas été néceffaire *pour procurer* à ce fimple Major du Régiment Dauphin, *le rare privilege de pénétrer dans fa retraite* *.

Toutes ces lettres au Major fuppofent les relations les plus intimes, & plus de vingt de ces lettres

* Mem. de Madame de Saint-Vincent, p. 10.

(fi l'on pouvoit y ajouter foi) nous autoriseroient à penfer que ce feroit de ce commerce que feroit né l'enfant dont Madame de Saint-Vincent défavoue l'exiftence. On y voit l'annonce d'une groffeffe, le progrès de cette groffeffe, un accouchement déterminé par une date fixe, une fievre de lait; une fievre putride qui en eft la fuite; la furvie de l'enfant, l'intérêt que la mere y prenoit, celui qu'elle excitoit dans le cœur du Major par l'affurance de fa paternité (1).

Mais détournons les yeux de ces tableaux effrayans. Quelqu'intérêt que puiffe avoir M. de Richelieu à dévoiler toutes les fauffetés de Madame de Saint-Vincent, à faire connoître la nature des relations qui ont exifté entr'elle & un homme qui joue un fi grand rôle dans cette affaire, on ne veut point foupçonner un nouveau crime. Madame de Saint-Vincent affure la Juftice que tous ces détails circonftanciés *ne font que des folies & des extravagances de fon imagination, qu'elle écrivoit au Major pour fe rendre intéreffante & s'en faire aimer* *. Croyons-la pour fon propre honneur & pour le repos de fa famille. Mais qu'il nous foit permis au moins de faire quelques réflexions fur ce fait, que nous voulons bien ne regarder que comme une preuve de la malheureufe

* 2.e interrogat. art. 34.

---

(1) Voyez pieces faifies chez la femme Leroy, par le Commiffaire Chefnon, premiere liaffe, pieces 2, 3, 4, 5, 7, 8, 9, 11; & troifieme liaffe, pieces 9 & 10; par le Commiffaire Graville, troifieme liaffe, pieces 8 & 21.

facilité avec laquelle Madame de Saint-Vincent fabrique des menſonges.

Premiérement, quel qu'ait été le motif qui a porté Madame de Saint-Vincent à préſenter cette fable au Major, il eſt au moins impoſſible de ſuppoſer qu'elle ait jamais pu former le projet de la faire adopter en même tems à M. de Richelieu. Sans rappeller ici les preuves qui réſultent déja du ſilence des lettres de M. de Richelieu, il ſuffit de ſe fixer à celles mêmes que Madame de Saint-Vincent a écrites au ſieur de Vedel. Elles placeroient *au mois d'Octobre* 1772 l'époque de cet évenement fabuleux. Les ſeules entrevues qu'elle eût eu avec M. de Richelieu, antérieurement à cette époque, étoient aux mois de Septembre & de Novembre 1771, & au mois d'Août 1772. Il ſeroit donc impoſſible, en ſuppoſant même les foibleſſes dont elle s'accuſe, qu'elle eût induit M. de Richelieu dans une erreur, que la ſeule combinaiſon des dates ſuffiſoit pour détruire.

Secondement, le prétexte même, que Madame de Saint-Vincent emploie pour écarter d'elle le crime, dont ſes propres lettres ſembloient l'accuſer, laiſſe au moins ſubſiſter l'aveu d'une liaiſon très-intime avec le Major, & cet aveu nous autoriſe à ſcruter ces monumens que le haſard a mis entre les mains de la Juſtice (1), & qui vont nous découvrir le principe &

---

(1) Le ſieur Vedel a reproché à M. de Richelieu de lui avoir enlevé & de rendre publiques des choſes qui n'étoient que pour lui, qui n'intéreſſoient que lui, & qui n'avoient aucun rapport avec les billets, On verra

l'objet du feul délit que M. de Richelieu ait intention de pourfuivre.

L'opinion commune de ceux qui ont connu à Poitiers les liaifons du Major avec Madame de Saint-Vincent, étoit qu'il y entroit plus d'intérêt que d'attachement : & cette opinion ne fe trouve que trop confirmée par leur propre correfpondance.

Madame de Saint-Vincent jouiffoit·à Poitiers de la même penfion que fon mari lui avoit faite à Milhaud & à Tarbes ; il y avoit même ajouté une fomme annuelle de 500 liv. pour l'aider à acquitter fes dettes ; elle ne payoit à Poitiers que 600 liv. de penfion pour elle & fa femme-de-chambre. Une fage économie auroit pu lui faire trouver dans l'excédent, non-feulement de quoi fe foutenir honorablement, mais encore des reffources pour éteindre fes premiers engagemens. Mais le même goût de dépenfe fuivoit Madame de Saint-Vincent.

La médiocrité de fa fortune ne pouvoit pas y fuf-

---

bientôt comment cette correfpondance s'eft trouvée fous la main de la Juftice ; mais perfonne ne regardera comme étrangere à la queftion du faux des pieces qui détruifent le principe que la Dame de Saint-Vincent a voulu donner aux billets, & qui peuvent fervir à prouver la complicité, l'objet, ou les refforts du crime. M. de Richelieu fait le filence que la Loi impofe à tout autre qu'au mari ; mais il fait que cette même Loi permet d'oppofer, à titre d'exception, ce qui ne pourroit pas former l'objet d'une action directe. Tout ce qui appartient aux circonftances d'un crime, appartient à l'inftruction qui doit le prouver, & peut être propofé par l'accufateur, puifque la Juftice ne peut fe difpenfer d'en pefer les confequences.

D

fire. On trouve dans fes lettres des preuves de l'embarras où elle fe trouvoit fouvent. Elle employoit à Poitiers les mêmes expédiens qui lui avoient réuffi à Milhaud. Le nom & la prétendue protection de M. de Richelieu lui fervirent encore à fe procurer dans cette Ville des crédits auprès des Marchands, que tantôt elle flattoit par l'efpoir des récompenfes, & que d'autres fois elle intimidoit par des menaces.

De nouveaux faux étoient à Poitiers, comme à Milhaud, l'une de fes reffources. Il doit être prouvé par les informations, que, pour obtenir d'un fieur Nerboneau, Négociant à Poitiers, une piece d'étoffe que celui-ci ne vouloit lui fournir que fur un cautionnement, elle a eu la hardieffe de contrefaire la fignature de la Prieure, & d'envoyer à ce Marchand, par une Demoifelle Auvray, une fauffe lettre, par laquelle cette Religieufe promettoit de garantir le paiement. Il eft vrai que ce faux n'eut pas le fuccès qu'elle en efpéroit. Le Marchand reçut d'un tiers une lettre qui lui donnoit l'avis falutaire de fe méfier de celle que lui envoyoit Madame de Saint-Vincent, & qu'il remit à la Demoifelle Auvray.

On fera moins furpris de l'avertiffement qui a garanti le fieur Nerboneau du piege, lorfque l'on faura que les talens de Madame de Saint-Vincent, pour le faux n'étoient point ignorés dans fon Couvent, au moins de certaines perfonnes. Plufieurs fois elle a été furprife s'occupant dans fa chambre à écrire à une fenêtre au travers d'une vitre, c'eft-à-dire, effayant fon adreffe à contre-tirer les écritures. D'autres perſonnes , auxquelles Madame de Saint-Vincent croyoit avoir moins d'intérêt de cacher ſes talens, l'ont vu s'occupper à contrefaire ſpécialement l'écriture & les lettres de M. de Richelieu. Le moyen, qu'elle employoit, étoit de prendre dans une lettre véritable une phraſe, ou un mot, qui pouvoit convenir à ſon ſujet, & de faire de ces fragmens contre-tirés le corps d'une lettre entiere.

Quand on a de pareils talens, & que l'on eſt preſſé par le beſoin, il eſt difficile de n'être point tenté d'en faire uſage ; ce ſeroit ne pas ſentir toute l'utilité de ſon art, que de les borner à des reſſources modiques & urgentes, lorſqu'ils peuvent conduire à une fortune durable & brillante.

Auſſi les lettres de Madame de Saint-Vincent au Major ne ſe réduiſent-elles point à lui préſenter la conſolation de ſecours momentanés. Des expédiens plus ſimples ſuffiſent pour ces petits objets. Il faut vendre un cabriolet, mettre en gage une tabatiere. Des proviſions de bois & de ménage, quelques petites reſſources peuvent *chaſſer le malheur préſent* & mettre le Major en état de payer *ſon mois*.

Bientôt cette infortune momentanée finira. Des libéralités immenſes, annoncées comme devant ſortir de la main de M. de Richelieu, vont faire luire des jours plus ſereins. Il y a 45000 liv. en dépôt chez un Procureur à Poitiers. Le ſieur Peixotto, Banquier à Bordeaux, eſt chargé d'apporter 255,000 livres. Voilà les magnifiques promeſſes que Madame de Saint-Vincent préſente au le ſieur de Vedel. Mais ce n'eft point pour elle feule qu'elle defire & follicite les dons de la fortune. Son cœur eft trop délicat pour ne les pas partager. Elle ne fera contente que quand elle verra le Major *riche* , *heureux & tranquille* ; per- fonne *n'eft plus digne de la fortune* ; ils iront tous deux dans un coin de la terre jouir de leur bonheur.

Mais il eft lent à venir cet argent fi défiré. Le Major s'inquiete , s'impatiente ; il menace *d'abandon- ner*, s'il ne voit rien fe réalifer. Madame de Saint-Vin- cent ne le retient qu'en l'affurant *qu'elle n'a pas pu mieux faire* ; *que fes intérêts la touchent plus que les fiens* ; & en lui annonçant que le Banquier n'attend que fes ordres pour lui apporter les cent mille écus.

Tel eft le réfultat fidele des lettres , qui font fous les yeux de la Juftice. C'eft inutilement que le fieur de Vedel s'efforce d'écarter les induffions qui en ré- fultent contre lui perfonnellement , en alléguant un prêt imaginaire , & en donnant pour motif à fes inf- tances le defir d'un remboursement qui ne pouvoit réfulter que de l'exécution des promeffes que M. de Richelieu avoit faites à Madame de Saint-Vincent. Il n'a jamais prouvé le prêt, & il ne le prouvera jamais, puifqu'il n'a pu , dans fes interrogatoires , expliquer en quel tems , comment & quelles fommes il avoit fournies. Il lui feroit encore plus difficile de prouver qu'il eût rendu ces prétendus fervices fur la recom- mendation de M. de Richelieu.

Mais il y a plus : le texte même des lettres réfifte à l'interprétation forcée qu'il y donne. Il n'y en a pas une feule qui fuppofe un pareil fervice ; & il feroit bien étonnant que les mots de *dette* , de *prêt* , de *service*, ne fuſſent pas échappés une ſeule fois à Madame de Saint-Vincent, dans une correſpondance auſſi longue. Diſons mieux, ces lettres ne préſentent jamais que des idées de dons & de bénéfices. Si elle envoie au Major des proviſions de ménage, elle lui ajoute qu'*il faut qu'il s'accoutume à recevoir de petites choſes, en attendant les grandes.* Par-tout on ne trouve que les mots de *fortune*, de *richeſſe*, de *bonheur* (1). Eſt-ce donc là le langage d'un débiteur, déſeſpéré de ne pouvoir ſatisfaire un créancier impatient & lui-même dans l'embarras?

» MAIS qu'importe, dira-t-on, que ces lettres ré-
» pandent ſur les relations de M^d de Saint-Vincent
» avec le ſieur de Vedel, le vernis d'une liaiſon
» plus ou moins délicate, ſi ces lettres s'accor-
» dent avec lefond de ſon ſyſtème; ſi les promeſſes
» qu'elle fait au Major, ſont fondées ſur celles de
» M. de Richelieu, dont elles ſuppoſent la réalité?
» On voit dans la correſpondance le détail & les pro-
» grès de ces promeſſes. On y trouve le Sr Peixotto
» indiqué pour délivrer l'argent. On y trouve la co-
» pie d'une lettre de ce ſieur Peixotto, qui annonce
» ſon arrivée prochaine. On y trouve enfin des co-

---

(1) Voyez pieces ſaiſies ſur la femme Leroy par le Commiſſaire Cheſnon, deuxieme liaſſe, pieces 1, 2, 3, 11; troiſieme liaſſe, pieces 2, 6, 8; quatrieme liaſſe, pieces 5, 6, 7, 9, 13 & 15; & les pieces ſaiſies par le Commiſſaire Graville, deuxieme liaſſe, pieces 5, 16, 44; troiſieme liaſſe, pieces 20, 24 & 25.

» pies des lettres de M. le Maréchal, qui contenoient
» les promeffes que Madame de Saint-Vincent n'a fait
» que reporter au Major. M. de Richelieu peut-il op-
» pofer à Madame de Saint-Vincent fes propres let-
» tres, fans lui permettre à elle-même d'en tirer les
» avantages qui tendent à fa juftification» ?

Il étoit peut-être auffi difficile de prévoir la folu-
tion de la difficulté, qu'il étoit naturel de la propofer.
Mais les nouveaux faits, qu'elle met dans le cas d'expliquer, ne ferviront qu'à développer de plus en
plus toute la fauffeté de Madame de Saint-Vincent.

Si M. de Richelieu eût affirmé à Madame de Saint-
Vincent, comme les lettres en queftion le fuppofent,
que le fieur Peixotto avoit ordre de lui remettre cent
mille écus, les befoins qui l'affiégeoient l'auroient
fans doute conduite à écrire à ce Banquier; & les réponfes de celui-ci auroient formé la correfpondance
dont Madame de Saint-Vincent femble préfenter la
preuve.

Mais cette correfpondance, ces lettres écrites au
fieur Peixotto, les copies de réponfe de ce Banquier, font des faux démontrés & avoués.

Le fieur Peixotto déclare hautement qu'il n'a jamais reçu de lettres de Madame de Saint-Vincent,
du moins que celles qu'il en a reçues n'avoient pour
objet qu'un emprunt de 50 *louis*, qu'elle lui demandoit, & qu'il lui refufa. La probité de ce Banquier eft auffi connue que l'importance de fon commerce.

Deux circonftances d'ailleurs démontreroient le
faux de cette prétendue correfpondance.

Elle préfente au fond une fable ridicule. Depuis quand un Banquier fe déplace-t-il pour porter lui-même, à foixante lieues de fon domicile, une fomme de *trois cent mille livres*, que les opérations de la banque peuvent fi facilement tranfporter d'un bout de l'Europe à l'autre ? Qui croira qu'une fimple maladie ait déterminé Madame de Saint-Vincent à retarder le moment d'une délivrance auffi précieufe ?

D'un autre côté, pourquoi Madame de Saint-Vincent, qui avoit entre fes mains une ferviette pleine de lettres de différentes perfonnes, n'y a-t-elle pas trouvé les originaux des lettres du fieur Peixotto, & fpécialement de cette lettre dont elle a envoyé la copie au fieur Vedel, en lui annonçant qu'*elle la chercheroit quand elle feroit plus forte, mais que c'étoit-là le fond, fans mentir* (1) ?

Au refte, à quoi bon chercher dans des preuves étrangeres la conviction d'un faux, que Madame de Saint-Vincent a été elle-même forcée d'avouer dans fon fecond interrogatoire ! Elle y convient « qu'elle
» n'a écrit que deux fois de Poitiers au fieur Peixotto :
» une fois, pour le prier de lui *prêter* 50 louis, qu'il
» lui refufa ; une feconde fois, à ce qu'elle croit, *pour*
» *le même objet* …. ; qu'elle faifoit *accroire à Vedel*
» qu'elle écrivoit à Peixotto, *ce qu'elle ne faifoit pas* …
» que par nombre de lettres elle a cherché à faire ac-
» croire au fieur Vedel qu'elle étoit en relation avec

---

(1) Voyez pieces faifies fur la femme Leroy par le Commiffaire Graville, troifieme liaffe, piece 4.

» Peixotto relativement à l'argent que le Maréchal lui
» promettoit, & qu'elle faisoit accroire au sieur Vedel
» que Peixotto alloit arriver ; *mais que la vérité est*
» *qu'elle n'a écrit que les lettres* ci-dessus , *& qu'à la fin*
» *Vedel le sçut & le lui fit avouer* .. ; qu'elle présentoit
» à Vedel des lettres comme écrites par Peixotto,
» *qu'elle faisoit écrire par des pensionnaires , ou autres*
» *personnes* * ». Le faux ne lui en seroit pas moins per-
sonnel , quand les lettres n'auroient point été de sa
main. Mais, tant qu'elle ne pourra nommer les personnes qui lui ont prêté leurs secours, & qu'elle se
restreindra à dire qu'*elle ne s'en souvient pas* , personne
ne doutera qu'elle n'ait encore fait usage de ses talens
en cette occasion, & que ce n'ait été dans l'intention
de se procurer de l'écriture du sieur Peixotto, qu'elle
lui a proposé un emprunt qu'elle ne pouvoit espérer.

On la verra bientôt faire un usage plus criminel
encore de la signature du sieur Peixotto. Mais n'an-
ticipons point les époques, & contentons-nous d'observer ici que Madame de Saint-Vincent nous a fourni
elle-même la solution de la difficulté que ses lettres
avoient fait naître.

S'il est certain que ses lettres au sieur de Vedel contiennent un faux dans la partie qui con-
cerne le sieur Peixotto , elles ne peuvent mériter la moindre foi, dans la partie relative aux prétendues promesses de M. le Maréchal. Si Madame de
Saint-Vincent est convaincue de mensonge dans un
des points de sa fable, elle est convaincue de faussetés

tés dans la totalité d'un *fyftême* indivifible : *Semel mendax, femper mendax.*

Les aveux mêmes, qu'elle a été obligée de faire fur le premier point, détruifent évidemment le furplus de fes allégations. N'eft-il pas abfurde, en effet, de fuppofer que Madame de Saint-Vincent fe fût réduite à demander un prêt de ço louis à un homme qu'elle auroit connu pour être chargé par M. de Richelieu de lui faire toucher une libéralité de cent mille écus ? Ne feroit-il pas abfurde que le même Banquier, qui auroit reçu un pareil ordre, lui eût refufé d'avancer à compte une fomme de 1200 liv. ?

Les copies des prétendues lettres de M. de Richelieu, qui font partie de cette correfpondance, & qui annoncent les promeffes & les ordres donnés au fieur Peixotto, impuiffantes par elles-mêmes dèslors qu'il n'en exifte point d'originaux, ne font évidemment que des inventions émanées de la même fource dont font forties les copies des lettres du fieur Peixotto, & n'ont été fabriquées que dans le même objet. En un mot, tout ce qui refte de cette correfpondance précieufe, c'eft la preuve de la liaifon intime de Madame de Saint-Vincent avec le fieur de Vedel, des vues intéreffées par lefquelles elle cherchoit à le retenir, & des vils artifices qu'elle employoit pour le tromper lui-même.

Telle eft en effet (on n'héfitera point à le dire) telle eft la conféquence naturelle que préfentent les faits que l'on vient de difcuter. M. de Richelieu ne

E

cherchera point à trouver plus de crimes & de coupables qu'il n'en exiſte réellement. Son reſpeɛt pour la vérité ne lui permettroit pas de chercher à multiplier ſes avantages.

Mais ſi les faits ſemblent juſqu'ici écarter du ſieur Vedel le ſoupçon d'avoir cooperé au faux, & ne lui laiſſer que la tache d'une intrigue peu délicate, ceux qui ſuivent ne permettront pas de douter qu'il ait connu depuis la fauſſeté des billets à la négociation deſquels il a concouru. Pourroit-on d'ailleurs ſe perſuader qu'un homme, qui avoit convaincu à Poitiers Madame de Saint-Vincent de la fauſſeté la plus inexcuſable ſur ſa correſpondance avec le ſieur Peixotto, eût cru de bonnefoi la réalité des promeſſes de M. de Richelieu, & la ſincerité des billets qui lui étoient préſentés par une main ſi ſuſpeɛte ?

TROISIEME ÉPOQUE.

Il eſt vrai que Madame de Saint-Vincent s'eſt échappée, comme elle en convient elle-même, *furtivement* du Couvent de Poitiers. Mais elle ne s'attendoit pas que ſes propres lettres la trahiroient un jour, lorſqu'elle a oſé avancer que c'étoit M. de Richelieu qui lui avoit donné le conſeil de ſe ſouſtraire ainſi à l'importunité de ſes créanciers. Non-ſeulement elle ne rapporte aucune preuve d'une imputation ſi grave; mais ſes propres lettres vont faire connoître que ce n'étoit point M. de Richelieu, mais le ſieur Vedel qu'elle venoit chercher à Paris.

Dans une de ces lettres au Major, après lui avoir parlé de l'ardeur avec laquelle elle attendoit l'effet des prétendues promesses de M. de Richelieu, elle ajoute : *Ce qui rend mon impatience impatiente, c'est d'abord le plaisir de te plaire : l'envie de payer moi-même, celle de m'en aller à Paris avec toi* (1). Dans un autre : *Je te jure par mon amour que rien n'égale le desir que j'ai de recevoir cet argent pour m'en aller avec toi* (2). Dans une troisieme : » N'est-tu pas aussi le » plus digne de la fortune ? Je me repose là-dessus, » parce que tu seras heureux, *& j'aurai le plaisir d'al-* » *ler avec toi à Paris. Il est vrai, que je n'y pensois* » *plus : tu m'as surprise ne pensant plus à notre voyage,* » parce que je suis entichée de cet argent; il est vrai, » que sans lui nous ne pouvons rien faire. *Mais je te* » *desire tellement, que toutes mes autres pensées sont* » *noyées dans cette grande qui m'occupe toute entie-* » *re* » (3). *Je me meurs,* s'écrie-t-elle dans une autre, *si tu me laisse à Poitiers* (4).

Il est étonnant que les contradictions de Madame de Saint-Vincent n'aient point dessillé les yeux d'un homme, qui, de l'aveu des deux, l'avoit dejà convaincu plusieurs fois de mensonges. Si les promesses de M. de Richelieu, dont elle leurroit sans cesse le

------

(1) Voyez pieces saisies sur la femme Leroy par le Commissaire Graville, deuxieme liasse, piece 5.

(2) *Ibidem,* piece 16.

(3) *Ibidem,* troisieme liasse, piece 9.

(4) *Ibidem,* troisieme liasse, piece 4.

Major, euffent eu quelque réalité, comment le defir d'en accélerer l'effet, auroit-il pu s'oppofer à celui de venir rejoindre le fieur de Vedel à Paris? N'eft-il pas fenfible que les charmes de fa préfence devoient agir plus efficacement fur M. de Richelieu, que les lettres par lefquelles elle étoit réduite à réclamer fa parole? Ses dettes à Poitiers ne pouvoient pas, dans fon propre fyftême, faire obftacle à fon voyage, ni même néceffiter une fuite clandeftine, puifqu'il n'auroit été queftion que d'un retranchement fur la fomme promife.

Mais Madame de Saint-Vincent fentoit qu'il ne lui étoit plus poffible d'amufer l'impatience du Major ; elle fçavoit qu'elle ne pouvoit plus réalifer que par un crime les efpérances qu'elle avoit fait naître. L'aveuglement l'entraînoit au bord du précipice, la crainte qui marche a côté du crime l'arrêtoit. *J'ai un terrible* pas *à faire*, écrivoit-elle au Major, *je ne fçais comment je m'y prendrai* (1). Exécuteroit-elle feule le projet, en laiffant le Major dans fon erreur? Lui feroit-elle au contraire l'aveu de fes artifices paffés, & des reffources que lui offroit fon talent? Elle flottoit fur une mer orageufe, & l'incertitude de fes réfolutions lui faifoit retarder l'inftant fatal qui alloit la forcer de prendre un parti.

L'une de fes lettres donne lieu de foupçonner

____

(1) Voyez pieces faifies fous les fcellés du Commiffaire Chefnon, premiere liaffe, cote 1.

qu'elle avoit conçu la premiere idée de son projet dès Milhaud, & prouve qu'elle avoit pris enfin sa résolution à Poitiers, si le crime n'étoit pas déjà consommé. « *Le mois prochain* » (dit-elle, dans cette lettre au Major), « *nous ne ferons pas dans ces peines.* » Mon avis seroit que tu ne mis ta tabatiere qu'en » gage pour pouvoir la retirer. *Huit jours après mon* » *arrivée tu auras de l'argent.* J'aurai fait le tour du » monde *pour l'attrapper, Milhaud d'abord où j'ai pensé* » *l'avoir*, Tarbes, Poitiers, *Paris c'étoit là le terme* » *de nos malheurs dans les secrets de nos destinées ; il* » *faut y venir à ce point, & on tourne long-tems avant* » *de le connoître* (1) ».

Ce fut au mois de Mars 1773 que Madame de Saint-Vincent prit le parti de se rendre au lieu, qui *dans le secret de ses destinées* devoit être le *terme* de ses prétendus malheurs.

Si le sieur Vedel étoit encore dans l'erreur, il est impossible que la conduite même de M. de Richelieu ne l'en ait pas fait sortir à cette époque.

Cette femme, qui n'avoit fui de Poitiers que par les ordres de M. de Richelieu, pour venir se précipiter dans ses bras, & recevoir le prix tant attendu de ses complaisances, reste de son propre aveu quinze jours dans le Couvent où elle s'est jettée, sans recevoir aucune nouvelle de M. de Richelieu, sans meubles, sans argent.

-----

(1) Voyez pieces saisies sous les scellés du Commissaire Chesnon, deuxieme liasse, cote 1.

Cette premiere négligence fi inconcevable n'eft pas l'effet d'un moment de caprice. La conduite de M. de Richelieu à l'égard de Madame de Saint-Vincent a toujours été uniforme. Quoi qu'elle en puiffe dire, il eft certain, & il doit être prouvé au procès que, dans un intervalle de quinze mois, M. de Richelieu n'a été voir Madame de Saint-Vincent, que cinq à fix fois; que ces vifites de fimple politeffe, n'ont jamais excédé une demi-heure, ou une heure au plus. Il doit être également prouvé que Madame de Saint-Vincent n'eft venue elle-même que très-rarement chez M. de Richelieu, qu'elle étoit toujours accompagnée de Dames penfionnaires dans le même Couvent; que M. de Richelieu lui a fait refufer fa porte dans une occafion où elle fuppofoit pour entrer une fauffe invitation; elle convient que lorfque M. de Richelieu eft venu pleurer à Paris la perte d'une fille tendrement aimée & fi digne de l'être, elle ne put obtenir de lui la permiffion de la voir.

Enfin il doit être prouvé que jufqu'au moment où elle a efcroqué le Public par la premiere négociation de fes faux billets, fa diffipation l'avoit réduite à la plus grande néceffité, & que fi fes importunités ont pu lui procurer quelques fecours de M. de Richelieu, les plus confidérables n'ont point paffé fix ou douze louis. Eft-il donc poffible de penfer qu'un grand Seigneur qui deftinoit une fomme de 420,000 liv. à Madame de Saint-Vincent, l'ait laiffé languir dans une espece de misere, en ne lui offrant que de si foibles secours ?

Mais on peut négliger les défauts de vraisemblance quand on est en état de prouver le faux par des faits directs & positifs.

Le premier de tous les titres que Madame de Saint-Vincent prétend avoir reçus de M. de Richelieu, celui qui est la source & le principe de tous les autres, c'est, suivant elle-même, un mandat de 100,000 écus sur le sieur Peixotto, Banquier de Bordeaux : mandat qu'un vice de forme a obligé de convertir en un second, qui lui-même a été changé contre un nouveau.

Madame de Saint-Vincent avoit oublié dans son premier interrogatoire d'annoncer à la Justice une petite anecdote de cette premiere partie de sa fable. Il étoit échappé à sa mémoire, ou à sa sincérité, d'avouer que ces deux mandats portoient, outre la prétendue signature de M. de Richelieu, celle du sieur Peixotto avec son *acceptation*; on va bientôt sentir la raison de cette réticence.

Les besoins qui affiégeoient Madame de Saint-Vincent au moment de son arrivée à Paris, l'avoient portée à renouer une ancienne amitié avec la Dᵉ de Saint-Jean sa compatriote. Quelques services obtenus devinrent le prétexte de prétendues confidences. Dans l'une de ces ouvertures de cœur Madame de Saint-Vincent fait part à la Dame de Saint-Jean du bonheur que lui prépare la bienfaisance de M. de Richelieu, & pour preuve , lui présente un mandat de 100,000 écus fur le fieur Peixotto, & *accepté* par ce Banquier.

La Dame de Saint-Jean ne peut diffimuler la fur-prife que lui caufe l'excès d'une pareille libéralité ; mais Madame de Saint-Vincent écarte les premiers foupçons, & fe rapproche de la vraifemblance, en donnant à entendre que M. de Richelieu n'eft libéral que du bien d'autrui. Elle annonce cette fomme comme le prix d'une affaire qu'il a procurée à celui qui doit la fournir. Une pareille impofture n'auroit fervi qu'à exciter l'indignation, fi Madame de Saint-Vincent eût parlé à l'un de ces Négocians que les rela-tions du commerce ont mis à portée de connoître le Banquier qu'elle calomnioit; mais le feul bon fens conduifit la Dame de Saint-Jean à une autre obferva-tion.

Le mandat étoit conçu en ces termes finguliers : « Je prie M. Peixotto de donner à Madame de Saint-» Vincent les 300,000 liv. *qui lui appartiennent*, dont » je le tiendrai quitte ». Les expériences de Madame de Saint-Vincent à la vitre avoient pu perfectionner fa main à la contrefaction des écritures, fans lui ap-prendre la formule des billets obligatoires. Le ftyle de celui-ci parut louche à la Dame de Saint-Jean : elle en fit la réflexion ; mais Madame de Saint-Vincent lui répondit *qu'elle étoit affez sûre de M. le Ma-réchal* (elle auroit dû dire d'elle-même), *pour lui en faire faire un autre.*

En effet, au bout de quelques jours, Madame de Saint-Vincent retire des mains de fon amie le man-dat

dat qu'elle l'avoit prié de lui garder, & lui en pré-fente un autre qui, comme le premier, portoit *l'ac-ceptation* & la fignature *Peixotto*. La confidence avoit eu des vues intéreffées. La judicieufe obfervation de la Dame de Saint-Jean avoit empêché Madame de Saint-Vincent d'en développer l'objet à la premiere féance. Cette fois elle fait l'aveu qu'elle a befoin d'argent, & qu'en attendant l'échéance trop éloignée du mandat, elle defireroit emprunter fur ce titre une fomme de 24,000 liv.

La Dame de Saint-Jean demeure dans la même maifon que le fieur Dumas, qui, par cette raifon, avoit eu occafion de rencontrer plufieurs fois Madame de Saint-Vincent, dont les faillies provençales l'avoient quelquefois amufé, & que des tableaux artificieux de fes prétendus malheurs avoient intéreffé pour elle. Il voulut bien fe charger de la commiffion, & le billet lui fut confié, mais *fous fa reconnoiffance*.

Malheureufement le fieur Dumas n'étoit que trop à portée de fervir efficacement Madame de Saint-Vincent, fi le titre eût été fincere ; il connoiffoit le fieur Louis Julien, Correfpondant ordinaire du fieur Peixotto : c'étoit la route naturelle que le titre lui indiquoit, mais c'étoit auffi la plus périlleufe pour Madame de Saint-Vincent.

A la premiere infpection du billet, le fieur Julien répond tranquillement au fieur Dumas: *je peux faire ce que vous defirez ; mais ceci n'eft qu'une copie, il faut l'original.* Le fieur Dumas réplique avec vivacité :

C'eſt, Monſieur, l'original, j'en ai donné ma reconnoiſſance.
Le ſieur Julien lui répond : « *Je ne connois point la* » *ſignature de* M. *de Richelieu, mais ce n'eſt point* » *là celle du ſieur Peixotto* » : & ſur le champ tirant de ſon ſecrétaire un grand nombre d'effets émanés de ce Banquier, & les faiſant comparer au ſieur Dumas avec celui dont il eſt porteur, il lui en démontre la fauſſeté. Trop convaincu de l'impoſture, auſſi outré de l'humiliation qu'une pareille ſcene lui fait éprouver, qu'effrayé des conſéquences de la reconnoiſſance qu'il a eu l'imprudence de donner, le ſieur Dumas reſte tout interdit. Le ſieur Julien eſt indigné de la maniere cruelle dont on a compromis la bonne foi d'un galant homme ; mais plus à lui que le ſieur Dumas, il s'empreſſe de donner à celui-ci le ſage conſeil d'aller promptement retirer ſa reconnoiſſance. Le ſieur Dumas vole chez Madame de Saint-Vincent, retire avec adreſſe de ſes mains la reconnoiſſance, qu'elle héſite à lui remettre, lui rejette avec mépris le mandat, lui reproche dans les termes les plus vifs l'atrocité de ſa conduite, & renonce de ce moment à tout commerce avec elle.

Il eſt facile de prévoir les conſéquences qui réſultent d'un pareil fait ; mais une choſe difficile à prévoir, c'eſt la maniere dont Madame de Saint-Vincent entreprend d'y répondre.

Elle eſſaie d'abord de nier qu'il y ait eu aucune acceptation du ſieur Peixotto ſur l'un ni ſur l'autre des deux mandats ; mais elle convient cependant, « qu'il y a eu un *barbouillage* qui gâtoit le billet », &

ajoute, «qu'il fut effacé tout de fuite, & qu'elle ne
» fait qui l'a fait * ».

Preffée plus vivement fur ce fait important, trop
inftruite pour ne pas prévoir qu'il en doit exifter trois
témoins *de vifu*, elle avoue enfin qu'il y avoit au
moins fur l'un des deux mandats *un faux accepté Pei-*
xotto. Mais comment excufe-t-elle un pareil faux ?
N'altérons point fa réponfe. « La Dame de Saint-
» Jean, felon elle, lui demanda les billets du Maré-
» chal, & en les lui montrant, lui dit : *s'il y avoit, ac-*
» *cepté Peixotto, ils feroient bons*. Elle répondante,
» répéta ce propos devant du monde chez elle. Ces
» perfonnes dirent : *apparemment elle veut tirer de*
» *l'argent de ces billets, & vous tromper*. C'eft alors
» qu'on fit *les barbouillages*, ACCEPTÉ PEIXOTTO ;
» mais cela fut effacé à l'inftant. Elle a appris que la
» Dame de Saint-Jean avoit fait voir un defdits bil-
» lets, *quoique fon intention ne fût pas que le billet fût*
» *montré, ni d'avoir aucun argent deffus* * ».

Il eft difficile d'imaginer qu'une affemblée de perfonnes, on ne dit point honnêtes, mais capables de
quelques réflexions, s'avife par badinage de mettre
fur un titre férieux de *cent mille écus*, la fauffe acceptation d'un Banquier. On ne peut qu'être curieux de
connoître ceux qui compofoient cette grave affemblée, & qui ont imaginé cette plaifanterie d'un nouveau genre. Mais la vivacité de l'imagination nuit
chez Madame de Saint-Vincent à la fidélité de fa
mémoire. « Elle ne fe fouvient point du tout du nom
» des perfonnes qui ont fait *le barbouillage* ; il y avoit

* 2e interrog.
art. 54 & 55.

* *Ibid.* art. 57.

F ij

» là *beaucoup de perfonnes*, mais elle ne fe fouvient » pas du nom d'une feule, ni qui a fait le barbouil- » lage * ». La Juftice nommera l'auteur pour elle, & ne doutera pas un inftant que les lettres qu'elle a eu l'adreffe de tirer du fieur Peixotto, n'aient fervi de modele à cette contrefaction. Si Madame de Saint-Vincent veut abfolument que d'autres perfonnes aient participé à cette importante opération, il feroit difficile de les chercher ailleurs que dans fes fociétés habituelles.

Mais il ne faut rien retrancher de fa juftification ; n'oublions donc point que, par réflexion, elle ajoute « qu'elle vouloit par cette *fauffe acceptation effayer la* » *confiance* de la D^e de Saint-Jean, & voir fi elle auroit » cherché à négocier le billet * ». Voilà certainement une maniere toute nouvelle d'effayer la confiance ! Mais malheureufement les dépofitions de la Dame de Saint-Jean & du fieur Dumas & la reconnoif-fance qui avoit été exigée de celui-ci, prouveront que c'eft par l'ordre de Madame de Saint-Vincent que le mandat revêtu de cette acceptation fabriquée a été préfenté à la négociation.

D'APRÈS *le barbouillage qui avoit gâté le mandat*, & plus encore d'après le mauvais fuccès de la *plaifanterie*, on ne fera point étonné de trouver dans la feconde partie de la fable de Madame de Saint-Vincent, une converfion de ce mandat en un billet au porteur ; on fent bien qu'il falloit changer une monnoie décriée. Ce qui furprendra un peu plus, c'eft de voir un mandat de cent mille écus tout-à-coup converti en trois billets qui produifent 420,000 liv.

Rien de fi fimple cependant que cette nouvelle opération, fuivant Madame de Saint-Vincent. « M. » de Richelieu n'avoit point fait les fonds du man- » dat à fon échéance. Il pouvoit fe trouver embar- » raffé. On veut bien profiter de fes bontés ; mais on » eft trop honnète pour le gêner fur le paiement. Ma- » dame de Saint-Vincent lui propofe donc de con- » vertir le mandat échu en un billet au porteur de » pareille fomme, mais à plus longue échéance, ou » même, pour fa plus grande commodité, de con- » vertir le mandat en cinq billets de 60000 liv. à des » échéances différentes. Elle lui envoie dans un pa- » quet le billet au porteur & les cinq billets tous » rédigés, avec une lettre qui contient la propofi- » tion. M. de Richelieu ne peut être que touché » d'un procédé fi honnète; mais il eft encore plus » noble que Madame de Saint-Vincent. Il renvoie le » billet de cent mille écus figné, & y joint deux des » billets de 60000 liv. avec une lettre qui annonce » que l'un de ces billets eft pour payer les dettes, & » l'autre pour *le tiers* ».

Suivant Madame de Saint-Vincent elle-même, c'eft le fieur de Vedel qui fe trouve défigné par cette dénonciation *du tiers*. Mais ce qui peut devenir plus embarraffant encore pour lui, c'eft l'affertion qu'il a ofé faire dans fon Mémoire, & fous la foi du ferment, qu'il avoit vu mettre les billets dans le paquet, & qu'il a accompagné la femme-de-chambre qui l'a porté à l'hôtel de Richelieu, & qui l'a remis au Suiffe. Il y a, dans cette partie de l'hiftoire, un faux démontré, qui fait ceffer la préfomption de bonne foi qu'on avoit pu jufqu'ici être tenté de fuppofer au fieur de Vedel.

Le fieur Abbé Froment, le fieur de Vedel & Madame de Saint-Vincent fe font accordés à donner une époque fixe à l'envoi & au retour du paquet. L'Abbé Froment, qui prétend avoit été témoin du retour, l'a placé d'abord *au Dimanche* 14 *Novembre.* Madame de Saint-Vincent & le fieur de Vedel ont fixé l'envoi *à la veille.* Madame de Saint-Vincent, plus prudente dans fon premier interrogatoire, n'avoit point donné la date du renvoi; mais elle s'étoit accordée à dire que c'étoit *un jour de Dimanche ou de Fête;* & a pour preuve décifive que le paquet avoit été rapporté par un Laquais de M. de Richelieu, elle articule que le porteur étoit vêtu *d'un habit rouge galonné en argent.*

Ne nous arrêtons point à obferver que l'ufage a toujours été chez M. de Richelieu de faire quitter, le premier Novembre, aux domeftiques l'habit d'été, & de leur donner l'habit d'hiver, qui n'a point de galon d'argent, mais le galon de la livrée; que dans ces changemens l'on retire aux domeftiques l'habit qu'ils doivent quitter, & que cette opération avoit été faite en 1773, dès la fin d'Octobre.

Quelqu'importante que foit cette obfervation, en voici une feconde bien plus tranchante. Il eft notoire, il doit être prouvé par les informations, il eft

conſtaté par les nouvelles publiques du tems *, que
M. de Richelieu, ſur qui rouloit, en qualité de premier Gentilhomme de la Chambre alors en exer-
cice, le détail des cérémonies du mariage de M. le
Comte d'Artois, étoit à Fontainebleau depuis le
commencement de Novembre, & que le 13 il étoit
allé, par l'ordre du Roi, à Nemours, complimenter
la Princeſſe. Le lendemain 14 il rejoignit le Roi,
qui fut au-devant de Madame la Comteſſe d'Artois
à la montagne de Beuron ; il ne le quitta point juſqu'à ſon départ de Fontainebleau, *ſur les trois heures
du ſoir*; il revint ſouper avec lui à Choiſy, où il cou-
cha. Son ſervice ne lui permettoit pas de s'éloigner
long-tems. Il ſe rendit le lendemain 15 à Verſailles,
après le lever du Roi, en paſſant par Paris, où il ne
s'arrêta que deux heures. Il eſt donc phyſiquement
impoſſible que M. de Richelieu ait ſigné des billets
que l'on ſuppoſe n'avoir été portés à ſon hôtel que le
13 au ſoir, & avoir été rapportés à Madame de
Saint-Vincent le lendemain 14.

    Madame de Saint-Vincent, qui ſentoit combien
l'abſence de M. de Richelieu portoit atteinte à ſon ſyſtême, avoit affirmé, dans un premier interrogatoire,
qu'il étoit à Paris le 13 Novembre *.

    Mais il a fallu ſe rendre à des preuves auſſi poſitives
de l'*alibi*, & pour échapper à la conſéquence qui en
réſulte, les Accuſés n'ont eu d'autres reſſources que
de varier dans leur ſecond interrogatoire ſur une époque qu'ils avoient déterminée d'abord d'une maniere
préciſe. Celle du mois de Novembre étoit trop nota-

* V. Gazette de France, N°. 93.

* Voyez ſon premier interr. art. 28

ble pour être fufceptible d'incertitude. La négociation prouvée de l'un de ces billets dans le même mois de Novembre ne leur permettoit pas de fe reporter beaucoup au-delà du 13 ou du 14; on s'eft contenté de dire qu'on n'étoit pas bien fûr du jour, mais que c'étoit du 11 au 15.

Il faudroit certainement une grande précifion de calcul pour placer la fignature & l'envoi des billets dans les deux heures que M. de Richelieu a dérobées aux occupations de fa Charge pour la néceffité de fes affaires. La combinaifon pêcheroit encore en un point. C'eft un matin que le paquet a été rapporté : & c'eft dans l'après-midi que M. de Richelieu s'eft arrêté à Paris le 15. Il étoit le matin au lever du Roi à Choify.

Mais deux réflexions plus décifives vont enlever à Madame de Saint-Vincent cette derniere reffource.

L'époque a été fixée d'une maniere certaine, dans les premiers interrogatoires, par trois perfonnes qui fe préfentoient comme témoins oculaires & acteurs principaux. On n'a voulu la changer qu'après que la voix publique avoit publié la réclamation de M. de Richelieu, & lorfque les feconds interrogatoires ont fait connoître l'*alibi* qu'il oppofoit. La Juftice ne peut plus admettre une variation forcée par la néceffité.

Il y a plus : les Accufés fe font eux-mêmes ôté la liberté de varier fur le jour, ils l'ont fixé par une indication fans équivoque. Ils s'accordent encore, dans leurs feconds interrogatoires, à dire que le paquet

a été

a été rapporté *un Dimanche après la Messe*, & n'avoit été porté que la *veille*. Mais du 11 au 15, le seul Dimanche, qui se rencontre dans le mois de Novembre 1773, tombe le *quatorze*. Voilà donc l'époque invariablement fixée, & cette époque démontre la fausseté de l'allégation. Il est physiquement impossible que M. de Richelieu ait signé à Paris les billets; & il est physiquement impossible qu'un paquet remis à son Suisse le *treize*, lui soit parvenu à Fontainebleau, & soit revenu à Paris *le 14 matin*.

Ajoutons deux réflexions importantes.

1°. Quand on supposeroit la possibilité physique de l'envoi & du retour du paquet de Paris à Fontainebleau dans le court intervalle que Madame de Saint-Vincent se donne, qui croira que M. de Richelieu, qui devoit revenir le 14 à Choisy & le 15 passer par Paris, ait quitté toutes les occupations que lui donnoient à Fontainebleau le service de sa place, pour se hâter d'expédier une affaire qui pouvoit se remettre au lendemain? Qui croira qu'il ait confié à un Courier un paquet aussi important qu'il pouvoit rapporter lui-même sous vingt-quatre heures?

2°. Le sieur de Vedel, qui prétend avoir remis le paquet lui-même au Suisse de M. de Richelieu à Paris, a dû demander si ce Seigneur y étoit. Si on lui a dit simplement qu'il n'étoit pas à Paris, il n'est point vrai-semblable qu'il ait laissé un paquet aussi important au Suisse. Si on lui a annoncé que M. de Richelieu revenoit le lendemain ou le sur-lendemain, il n'a pas dû encore laisser un paquet qui devoit contenir le titre dont Madame de Saint-Vincent demandoit la converfion, & qui auroit rendu par-là M. de Richelieu maître de le fupprimer s'il eût été capable.

Tout eft donc évidemment fabuleux dans cette feconde partie du fyftême de Madame de Saint-Vincent, comme dans la premiere partie.

L'AVENTURE du mandat avoit forcé d'y fubftituer le billet au porteur. Un autre inconvénient va faire difparoître celui-ci. L'effet eft trop confidérable pour qu'on puiffe le négocier facilement, & l'on eft preffé d'aller loin du théatre de fes forfaits en recueillir les fruits. On a donc pris le parti de fubftituer au billet au porteur, dix autres billets de 20, 25, 30, 40 & 50 mille livres. Malheureufement Madame de Saint-Vincent ignoroit encore elle-même, lors de fes interrogatoires, & avant que tous les autres billets euffent été dépofés, combien il y en avoit. Malheureufement il s'en trouve de datés du 8 Mai; & fuivant elle, l'opération s'eft faite en *Février, Mars ou Avril;* ils font de différentes mains, & l'on ne peut indiquer un feul des Ecrivains qui les ont faits. Enfin, il fe trouve une erreur de calcul dans ce dernier échange. Au lieu de trois cens mille livres, montant du billet au porteur, les dix billets, qui n'en devoient être que la monnoie, montent enfemble à 305,000 liv.

On fera peut-être tenté de croire que les 425,000 livres, qui réfultent de tous ces titres que Madame de Saint-Vincent a entre fes mains, feront le terme auquel elle voudra bien arrêter la générosité de M. de Richelieu, & le bonheur qui l'attendoit à Paris, *dans le secret de ses destinées.* Point du tour. Deux lettres de Madame de Saint-Vincent, saisies dans les poches d'un sieur Bennavent lorsqu'il fut arrêté, prouvent qu'il s'agissoit encore de fabriquer quatre nouveaux billets. « Sans doute » (porte l'un de ces écrits) « il faut *faire signer les billets.* Nous » ne pouvons prévoir ce qui peut arriver. Il *faut* » *gagner tout ce que nous pourrons.* Ils vont partir dans » une heure d'ici , & tu aurois dû m'envoyer *qua-* » *tre billets* (1) ».

Dans le second : « Vous avez bien tort, Bennavent, » de croire que je me sois adressée à d'autres qu'à » vous. Je le jure par le fer & l'Evangile, ce billet » ne m'appartient pas, il est à qui je vous ai dit . . . . » Je ne puis pas le vendre ; il *faut que Rubit attende* » *celui de* 20,000 *liv. que vous avez écrit & que j'ai en-* » *voyé. Il faut qu'il attende* (2) ».

Madame de Saint-Vincent ne nie point qu'elle ait écrit ces deux lettres ; & pour expliquer la seconde, elle déclare que Rubit, déja possesseur de billets montans à 80,000 liv. en desiroit encore un de 20,000 liv. & se plaignoit qu'on en eût donné à d'autres. Elle avoue cependant *qu'elle n'avoit point*

---

(1) Scellé apposé par le Commissaire Chesnon en vertu d'ordre du Roi, première liasse, piece 9.

(2) *Ibid.* huitieme piece.

envoyé les billets à M. *de Richelieu pour les signer,* comme sa lettre le suppose; elle observe enfin « qu'il » n'est pas possible qu'une personne, qui a déja reçu » des billets, *desire d'en recevoir* d'autres . . . . Mais » que l'effet ne s'en étant pas suivi, elle n'a fait que » faire un *souhait intéressé,* & ne l'a point exécuté, » ayant vu, par réflexion, le *ridicule* qu'il y avoit à » le tenter * ». On croira volontiers Madame de Saint - Vincent sur le ridicule de ce dernier projet. Mais on ne peut s'empêcher d'observer que Bennavent l'inculpe lui-même d'un nouveau faux, en lui soutenant avec persévérance *qu'elle lui a montré une prétendue lettre de* M. *le Maréchal, qui contenoit, de sa part, la promesse de signer ces nouveaux billets* *.

On ne finiroit point, si l'on vouloit relever avec exactitude tous les faux que l'adresse de Madame de Saint-Vincent a fait éclorre. Revenons à l'objet capital de l'accusation; & après avoir fait connoitre comment se sont formés les titres de Madame de Saint-Vincent, considérons l'usage qu'elle en a fait. C'est un nouveau point de vue, qui ne peut que fournir des lumieres intéressantes.

Les douze billets ont été également présentés à la négociation, en différens tems & par différens entremetteurs, dont les principaux sont le Sr de Vedel, le nommé Bennavent, l'Abbé de Transe, le sieur Abbé Froment, Chapelain du Couvent où demeuroit Madame de Saint-Vincent, & une femme Leroy, courtiere.

Le fuccès n'a pas tout-à-fait répondu au zele des Négociateurs. Plufieurs billets ont été refuféspar la jufte défiance qu'infpiroit le myftere fous lequel on s'enveloppoit. Ce n'eft pas que l'on fe rendît fort difficile fur le prix. On laiffoit pour 25000 liv. des billets de quarante mille ; & l'Abbé de Tranfe offroit, pour faciliter la négociation de deux de ces effets, *de les garantir & d'y engager fa légitime.*

Madame de Saint-Vincent eft cependant parvenue à trouver deux acquéreurs , & les circonftances de ces deux opérations méritent une attention particuliere.

MADAME de Saint-Vincent n'étoit pas fans inquiétude fur le fort des titres qu'elle avoit fubftitués aux mandats. Avant d'en hafarder la négociation , l'on voulut fonder jufqu'à quel point une adreffe plus attentive avoit pu porter la contrefaction. Deux particuliers inconnus, mais dont l'un étoit *Chevalier de Saint-Louis* , fe rendent chez le Notaire de M. de Richelieu , lui préfentent un papier recouvert par un autre, qui ne laiffoit voir au bas du premier que la fignature, & lui demandent fi c'eft celle de M. de Richelieu.Une fauffe fignature,contre-tirée à la vitre fur une véritable, féduira prefque toujours à la premiere infpection , fur-tout quand l'examen n'en fera point accompagné des précautions qui peuvent conduire à la découverte de l'impofture. Le Notaire croit reconnoître la fignature ; mais ajoute en même tems, *qu'elle lui paroit un peu maigre* , par la comparaifon

qu'il en fait à l'inftant avec de véritables ; & au furplus il obferve que *fi l'on veut être plus affûré, il n'y a*
qu'à voir l'Intendant. Cette propofition n'entroit pas
dans les arrangemens des inconnus. Ils répondent que
le fecret exigé par M. de Richelieu ne le permet
pas, & fe retirent en demandant au Notaire lui-
même le fecret (1).

Le fuccès de l'épreuve enhardit. On n'héfite plus ;
& l'on préfente les billets à la négociation, avec d'autant plus d'affurance, que l'on indique le Notaire
comme un homme par qui l'on peut faire vérifier la
fignature. Un premier billet de 60,000 liv. eft propofé par le fieur Abbé Froment, & parvient, après
plufieurs cafcades, jufqu'au fieur Boucher de Préville. Il paroît que celui-ci a préfenté une feconde fois
le billet au Notaire de M. de Richelieu. Il ne devroit
pas cependant diffimuler que cet Officier obferva en
même tems qu'*il étoit fort étonné que M. de Richelieu eût*
fait un pareil billet, parce que depuis trente cinq ans qu'il
connoiffoit fes affaires, il ne lui avoit jamais vu faire
de ces fortes de billets. Mais le bon marché tente quelquefois. Le fieur Boucher n'a donné que 20000 liv.
d'argent, & 40,000 livres de refcriptions, qui per-
doient alors 27 pour cent ; enforte que, déduction

____

(1) Les Accufés voudroient confondre cette premiere démarche avec
celles que les fieurs Boucher & Rubi ont faites depuis pour leur propre
compte. Mais le Notaire aura eu foin fans doute de diftinguer les trois
démarches faites par des perfonnes différentes.

faite de : fomme de 54oo liv. que le fieur de Preville convient avoir retenue pour l'efcompte *à fix
pour cent*, Madame de Saint-Vincent n'a reçu réellement que celle de 43,8oo livres pour un billet de
6o,ooo liv.

Peut-être fera-t-on tenté de croire que la néceffité
l'a forcée de fubir cette loi. Mais une fomme de
43,000 liv, reçue au mois de Novembre 1773, a dû
fournir à fes befoins pendant quelque tems. Voyons
donc fi elle s'eft rendue plus difficile fur le prix, dans
la feconde négociation qu'elle a faite aux mois de
Mai & Juin fuivans.

C'eft avec un Marchand Frippier fous les pilliers
des Halles, nommé Rubit, que les fieurs de Vedel &
Bennavent, agens de cette feconde opération, con-
fomment en deux fois une négociation de billets montans enfemble à 8o,ooo livres. Ils éprouvent un premier refus de ce Marchand, qui n'a point d'argent
comptant à donner. Ils reviennent à la charge, déclarent qu'on fe contentera de marchandifes, & acceptent des meubles & effets de toute efpece. Un Huif-
fier - Prifeur & un Marchand, qu'ils avoient choifis
fucceffivement pour eftimer les effets offerts, leur
déclarent que les états de Rubit font exagérés, &
refufent de foufcrire à des prix ufuraires. Les fieurs
de Vedel & Bennavent acceptent tout, & font eux-
mêmes le marché. Les effets font expofés en vente,
une premiere fois fous le nom du fieur de Vedel, une
feconde fous celui de Bennavent, dans une Salle des
Auguftins. L'honnêteté de l'Huiffier-Prifeur le dé-

termine à interrompre une vente qui ne lui paroît pas se faire avantageusement. On le force à la reprendre, & Bennavent lui donne un billet, par lequel il l'autorise à vendre *à quelque prix que ce soit*. Quel est le résultat de cette négociation ? Les deux ventes n'ont produit que 15,952 liv. 16 s. Madame de Saint-Vincent n'a reçu que 12,000 liv. d'argent ; total, elle a livré 80,000 liv. de billets pour 27,952 liv. 18 s. On n'est plus étonné d'avoir vu le sieur Rubit demander encore avec tant d'empressement un billet de 20,000 livres, & se plaindre de ce qu'on vouloit lui préférer un autre.

Ce n'est pas que Rubit fût sans défiance sur les effets qu'il se procuroit ; aussi avoit-il pris des précautions qui paroîtroient bien singulieres dans toute autre circonstance. Lors de la premiere opération consommée au mois de Mai, & qui n'avoit pour objet qu'un billet de 20,000 liv. il a exigé des sieurs de Vedel & Bennavent un acte par lequel ils ont certifié conjointement, « que le billet *signé de M. de Richelieu* étoit » par lui *bien & légitimement dû* à Madame de Saint-» Vincent, & que le sieur Rubit en avoit *bien légi-* » *timement fourni & compté la valeur en leur présence* ». Il est vrai qu'ils ont déclaré *ne vouloir point garantir le billet ;* & c'est Madame de Saint-Vincent qui a donné cette garantie, dans le cas où le billet ne seroit point acquitté sous quelque prétexte que ce fût. Elle a aussi donné seule la même garantie des billets qui ont fait l'objet de la seconde opération, & qu'elle

a de

a de même déclaré *signés & légitimement dus par M.*
de Richelieu.

Des ventes faites à des prix auſſi bas & avec de telles précautions, les efforts, que Madame de Saint-Vincent a faits pour ſe débarraſſer en même tems de tous les autres billets, en prouvent évidemment la fauſſeté. On conçoit qu'elle auroit pû être détérminée par des beſoins urgens à négocier un ou deux billets, malgré l'engagement qu'elle avoit pris vis-à-vis de M. de Richelieu de n'en point diſpoſer. Mais elle n'a pu ſe porter à une négociation de la totalité, que par l'effet de la crainte qu'une premiere négociation ne découvrît ſon crime, & dans l'intention d'aller jouir, loin des recherches de la Juſtice, du bénéfice quelconque qu'auroit pu lui procurer la crédulité des acheteurs.

L'intrigue a été découverte plutôt qu'elle ne s'en étoit flattée. C'eſt une nouvelle époque où il eſt intéreſſant de fixer les yeux ſur ſa conduite.

I V.e E P O Q U E.

M. de Richelieu venoit de partir le 16 Juin pour ſon Gouvernement. Le lendemain 17, un Sr Guinot ſe préſente au Sr Marion ſon Intendant. Il lui annonce qu'on propoſe à une perſonne qui a confiance en lui, pour paiement d'une créance légitime, trois billets de M. de Richelieu, qu'il lui montre & ſur leſquels il lui demande ſon avis. Le ſieur Guinot affectoit le plus

grand myſtére ; il ne vouloit point dire à qui appar-
tenoient les billets, & à qui ils étoient propoſés. Peut-
être ignoroit-il réellement que c'étoit trois des billets
dont Rubit avoit conſommé la négociation, & qu'au
même moment on vendoit encore aux Auguſtins les
effets qui en avoient été le prix.

Le ſieur Marion ne crut pas devoir laiſſer pénétrer
à un tiers qu'il ne connoiſſoit pas, l'étonnement que
lui cauſoient des titres qui lui paroiſſoient au moins
très-ſuſpeɛs. Il ſe contenta de répondre des choſes vagues, & lui dit qu'il inſtruiroit M. de Richelieu.

Le ſieur Guinot revint à la charge trois ſemaines
après. Le ſieur Marion étoit alors aſſuré, par les réponſes de M. de Richelieu, que les billets qui cou-
roient ſous ſon nom ne pouvoient être que des billets
faux. Mais il n'avoit encore fait que des découvertes imparfaites ſur les négociations. Il étoit important de remonter juſqu'à la ſource. S'expliquer
trop tôt, c'étoit avertir le coupable & les négociateurs de ſe tenir ſur leurs gardes. Il ſe contenta donc
de dire qu'il conſeilloit à la perſonne de ſuſpendre
l'affaire, juſqu'à ce qu'elle reçût de lui une réponſe
plus poſitive.

Cependant le ſieur Marion avançoit dans ſes découvertes ; il avoit acquis la certitude qu'il s'étoit
négocié des billets pour des ſommes conſidérables,
& que Madame de Saint-Vincent étoit annoncée
comme celle au profit de laquelle les billets avoient
été ſouſcrits ; il avoit fait paſſer des détails plus
certains à M. de Richelieu, qui juſque-là avoit traité

de viſion une négociation de billets dont il ſavoit l'exiſtence impoſſible.

Ne pouvant enfin douter du crime , M. le Maréchal héſitoit encore à en croire Madame de Saint-Vincent coupable. Un autre fauſſaire pouvoit chercher à ſe cacher ſous un nom emprunté. Dès conſeils funeſtes avoient pu traîner une femme , emportée par une imagination bouillante , juſqu'au bord d'un précipice dont l'aſpect devoit l'intimider. Les remords, cette reſſource heureuſe que la nature a ménagée à la foibleſſe humaine & qui arrête quelquefois les progrès du crime , pouvoient par un aveu néceſſaire épargner à Madame de Saint-Vincent la honte d'un éclat , & à M. de Richelieu la cruelle néceſſité des pourſuites judiciaires. Toutes ces vues le déterminerent à écrire à Madame de Saint-Vincent. Il envoya la lettre ſous cachet volant au ſieur Marion. Il avoit ordre de la remettre lui-même ; & la réponſe que l'on feroit devoit déterminer les démarches ſubſéquentes.

La lettre étoit conçue en ces termes : « *J'apprends* » *avec étonnement* , ma chere couſine, qu'il ſe négo- » cie pour *deux cent mille francs* (1) de billets *ſignés* » *de moi*. Ce qui m'étonne encore davantage, c'eſt » qu'on m'a dit *que vous êtes mêlée la dedans, ce que* » *je ne puis croire*. Je vous prie d'écouter avec bonté

____

(1) M. de Richelieu n'avoit encore connu par les négociations que pour 200 000 livres de billets exiſtans. S'il eût fait les billets en queſtion, il n'en auroit pas pu ignorer le montant.

» le fieur Marion mon Intendant, qui vous remettra
» cette lettre , & l'aider à démêler le fil de cette *fri-*
» *ponnerie* , que vous avez autant d'intérêt que moi à
» ne *pas laiffer impunie.* Je ne vous parlerai pas d'au-
» tres chofes dans cette lettre ».

La lettre écrite le 12 Juillet à Bordeaux , & qui
ne pouvoit arriver que par le Courier du famedi
16 , fut portée le même jour à quatre heures du
foir.

Le fieur Marion crut devoir d'abord fonder les
difpofitions de Madame de Saint-Vincent, en paroif-
fant venir de fon propre mouvement, pour lui communiquer les bruits qui étoient parvenus jufqu'à
lui.

Madame de Saint-Vincent, perfuadée que l'on n'a-
voit point encore acquis de preuves certaines fur les
négociations qui feules pouvoient conftater le corps
du délit , prit un air de fécurité qui auroit pu en
impofer à quelqu'un de moins inftruit , traita les faits
dont on lui parloit de fable ridicule & incroyable,
& cherchoit en même tems par des queftions artifi-
cieufes à pénétrer ce que le fieur Marion favoit , &
les voies par lefquelles il avoit pu parvenir à quelques découvertes.

Celui-ci, convaincu par ces détours de la mauvaife foi de Madame de Saint-Vincent, fe tint fur la
réferve , & finit par lui préfenter la lettre qu'il avoit
ordre de lui remettre.

Il eft un inftant décifif pour la conviction des coupables, mais qui malheureufement échappe prefque

toujours aux regards de la Juſtice. Le criminel, qui ſe voit découvert dans un moment imprévu, ſe trahit preſque toujours par les premiers mouvemens de la ſurpriſe. La lenteur de l'inſtruction lui laiſſe la liberté de rappeller les facultés de ſon ame & de ſon eſprit; elle lui permet enſuite de prendre une contenance plus ferme, & de combiner ſa défenſe avec plus ou moins d'audace & d'artifice. Mais le premier éclair, qui lui annonce la vengeance du Ciel, le frappe d'une terreur involontaire, qui l'accable & le terraſſe.

A la lecture de la lettre, Madame de Saint-Vincent pâlit, tremble, ſe déconcerte; elle conſerve toujours le ton de diſſimulation; mais elle a perdu cette contenance riante & aſſurée. Elle prend les mains du ſieur Marion, le comble de carreſſes, & cherche à pénétrer ſon ſecret, par mille queſtions artificieuſes; celui-ci ſe retire auſſi convaincu qu'indigné.

Eſt-il en effet quelqu'un de ceux qui tiennent en ce moment les yeux fixés ſur Madame de Saint-Vincent, qui puiſſe heſiter à prononcer ſon jugement? Quoi, M. de Richelieu ne rougit point de lui déſavouer ſes billets, des billets qui ſont le prix...! Il oſe traiter de *fripponnerie* des titres ſacrés pour lui, quel qu'en puiſſe être l'origine! Il fait porter par un homme d'affaires à Madame de Saint-Vincent un déſaveu qui l'accuſe elle-même de faux. Et ſa réponſe n'eſt pas auſſi prompte que fiere. Elle ne dédaigne pas de s'excuſer ſur une négotiation, qui ne pouvoit être dans fon fyſtême qu'un manque de procédé, pour reprocher à M. de Richelieu avec indignation l'atrocité de l'inculpation qu'il ofe lui faire !

Peut-être Madame de Saint-Vincent auroit-elle pu nier l'exaⅽtitude de faits, qui n'ont eu pour témoin que le fieur Marion. Mais elle ne pourra nier la réponſe par écrit qu'elle lui renvoya le même jour pour M. de Richelieu. La voici :

» Mon cher coufin, je réponds vite à votre let-
» tre, qui m'a caufé *autant d'étonnement qu'à* vous
» *la nouvelle de ces billets, & du nom de Madame de*
» *Saint-Vincent*, qu'on dit être mêlée là-dedans, &
» *que j'ignorois parfaitement*; j'envoie cette lettre à
» M. Marion, par une perfonne qui *pourra l'aider à*
» *découvrir quelque chofe*, & j'embraffe mon cher
» coufin. Ecrivez-moi *ce que vous apprendrez*, & ai-
» mez-moi toujours : car je fuis bien fâchée contre
» ceux qui me nomment fans me connoître.

On le voit bien à la feule leⅽture de la lettre. Madame de Saint-Vincent *a répondu vîte*. Le défordre de fon ſtyle annonce celui de fon ame. Mais c'eſt précifément parce que la réponfe eſt écrite dans ce premier inſtant où le crime n'a pas encore combiné toutes fes reſſources, qu'elle forme un titre plus décifif. La réflexion a fait fentir depuis toutes les conféquences qui en réfultent. La fubtilité a fait inventer des détours. Mais que fes artifices font foibles contre l'éclat de la vérité ! On fupprime la lettre écrite par M. de Richelieu & l'on ofe foutenir qu'elle ne contenoit qu'un reproche fur la négociation des billets, pour pouvoir préfenter la réponfe comme ne conte- nant qu'une fimple diffimulation fur un manque de procédé, que l'on pouvoit encore efpérer de cacher ou de réparer.

Un feul mot doit confondre Madame de Saint- Vincent. Qu'elle repréfente, fi elle l'ofe, la lettre de M. de Richelieu. Elle a confervé plus de 200 cens lettres. Elle en a tiré de ce recueil précieux quarante qu'elle a fait dépofer. Et la plus importante de toutes, la derniere reçue, celle qui fuffiroit à fa juftifica- tion, & qui couvriroit fon accufateur de confufion, eft la feule que le hafard lui ait fait égarer !

Mais c'eft inutilement qu'elle appelle à fon fecours un accident auquel perfonne ne croira. Le véritable contenu de la lettre eft fixé par une foule de preuves qui ne peuvent pas laiffer fubfifter la moindre équi- voque.

La feule réponfe de Madame de Saint-Vincent dé- termine fuffifamment la queftion qui lui étoit faite. (1) Il eft évident que, dans l'hypotèfe où elle fe place, fa lettre auroit dû être conçue dans des termes tout différens ; foit qu'elle eût pris le parti d'avouer ou de

---

(1) La feule comparaifon de la réponfe de Madame de Saint-Vincent avec la lettre que M. de Richelieu préfente comme celle qu'il a écrite, prouve que celle-ci n'a pas pu être conçue en d'autres termes. Cette com- binaifon fournit plufieurs autres réflexions très-importantes que l'on fup- prime ici, pour éviter les longueurs. On trouvera à la fuite des Pieces juftificatives une analyfe de ces deux lettres, & des réflexions qui méri- tent toute l'attention des Magiftrats.

nier la négociation , l'aveu ou la dénégation l'auroit nécessairement mise dans le cas de parler des bontés de M. le Maréchal, qui avoit mis entre ses mains les billets, ce n'auroit point été la *nouvelle des billets* , mais celle de la *négociation* qui auroit causé sa surprise. Et si, contre toute vraisemblance, elle eût pris le parti de dissimuler cette négociation, elle se seroit bien gardée d'offrir les moyens d'en découvrir les traces.

Mais il y a plus : malgré la suppression de la lettre de M. de Richelieu, son contenu se trouve aujourd'hui irrévocablement fixé. Cette lettre, envoyée au sieur Marion sous cachet volant, avoit été lue avant d'être présentée à Madame de Saint-Vincent, par l'un des Conseils, & par un Magistrat ami de M. de Richelieu. La mémoire de ces trois personnes, a mis en état d'en joindre au procès la copie telle qu'on l'a rapportée ci-dessus , & de la fidélité de laquelle on est sûr. Madame de Saint-Vincent, sommée de reconnoître cette copie, n'a cru elle-même y reconnoître d'autre différence avec l'original qu'en ce qu'elle a prétendu substituer le mot de *maquignonerie* à celui de *fripponnerie*.

On pourroit sans danger lui accorder l'avantage de ce petit changement. Il n'est personne qui ne sente que la lettre de M. de Richelieu auroit été conçue en des termes tout différens , si elle n'avoit eu pour objet que de reprocher la négociation. Ce reproche même l'auroit conduit nécessairement à parler des billets qu'il avoit faits, & à en constater l'existence.

Jamais

Jamais, dans cette hypothefe, M. de Richelieu n'auroit pu dire qu'il étoit *étonné* d'apprendre qu'il fe négociât des billets *fignés de lui.* Il n'auroit eu aucune raifon *de ne pas croire que Madame de Saint-Vincent fût mêlée là-dedans.* Il n'auroit point été dans le cas de la prier *de l'aider à démêler le fil* d'une opération fur laquelle il auroit fuffi de l'interroger elle-même. Enfin *quel intérêt* Madame de Saint-Vincent auroit-elle pu avoir à fe joindre à M. de Richelieu, *pour ne pas laiffer impunie* une négociation, qui n'auroit été qu'un manque de procédé de fa part, & qu'elle n'auroit pu imputer qu'à elle-même ? En un mot, il n'eft perfonne qui, à la fimple lecture de la lettre (1) telle que Madame de Saint-Vincent la reconnoît, ne lui donne un fens tout oppofé à l'interprétation qu'elle s'offorce de lui prêter, même en y fubftituant le mot de *maquignonerie* qui, dans le contexte de la lettre, deviendroit évidemment fynonime à celui qu'elle croit avoir tant d'intérêt de fupprimer.

Telle a été l'impreffion qu'éprouva le fieur Rubit à la lecture que Madame de Saint-Vincent lui fit de cette même lettre, quoiqu'elle eût pris la précaution artificieufe d'y fubftituer le mot de *Maquignorerie.* Elle vouloit calmer les inquiétudes de cet homme, qui avoit eu les oreilles frappées de la réclamation de M. de Richelieu. Elle vouloit lui perfuader que M. de Richelieu ne fe plaignoit que de la négociation. Malgré l'intérêt qu'il avoit à croire les

____

(1) Voyez à la fuite du Mémoire les réflexions fur cette lettre & celle de Madame de Saint-Vincent, annoncées dans la note précédente.

billets vrais, il ne put s'empêcher de s'écrier : *Madame , voilà une lettre qui ne reſſemble en rien à tout ce que vous m'avez dit :* * & lorſqu'il eût reçu enſuite du ſieur Marion la lecture de la réponſe que Madame de Saint-Vincent y avoit faite, *il tomba dans le déſeſpoir, en ce qu'il vit qu'elle ne parloit aucunement des billets de M. de Richelieu, & qu'il lui auroit paru plus naturel qu'elle fit la confeſſion qu'elle les avoit négociés.* *

* Premier interrogatoire de Rubit, art. 2.

Telle ſera en effet l'impreſſion néceſſaire que fera la lecture des deux lettres ſur tous ceux qui les verront, & telle a été dans le fait l'idée dont Madame de Saint-Vincent a été elle-même affectée, à la lecture de celle de M. de Richelieu. L'Abbé de Villeneuve ſon neveu ne ſera pas certainement un témoin ſuſpect pour elle. Il déclare dans ſon ſecond interrogatoire, « qu'ayant trouvé cette Dame triſte, il la preſſa, » & lui fit avouer que le ſieur Marion venoit de » lui communiquer une lettre de M. de Richelieu, » par laquelle *il nioit ſes billets* * ». Le ſieur Marion n'en a point communiqué d'autres que celle du 12 Juillet.

* *Ibid.* art. 6.

* Art. 4.

Nous pouvons abandonner maintenant Madame de Saint-Vincent au regret que doit lui cauſer l'imprudence de ſa réponſe, & il ne ſera pas difficile de deviner quel pouvoit être la miſſion de celui qu'elle députoit au ſieur Marion, *pour l'aider à découvrir quelque choſe.*

C'étoit Bennavent, ce zélé entremetteur de toutes les négociations, & qui, dans le même moment, faiſoit vendre, ſous ſon nom, les effets qu'il avoit reçus de Rubit : la ruſe étoit trop groſſiere. Le ſieur Marion n'accepta point les offres inſidieuſes d'un homme dont il connoiſſoit déjà une partie des intrigues. Il pouvoit eſpérer dans les ſecours de la Police des reſſources plus utiles pour achever de pénétrer ces infames myſteres.

Madame de Saint-Vincent, ne comptant plus ſur les ménagemens de M. de Richelieu, dont elle avoit négligé de profiter, cherche du moins à retarder & à embarraſſer ſa pourſuite en ſupprimant les billets qui forment le corps du délit.

Rubit eſt le premier ſoupçonné d'avoir éventé la négociation. On lui députe Bennavent pour tâcher de retirer les billets de ſes mains. Mais l'argent comptant eſt déjà diſſipé, ou peut être utile pour la fuite, ſi elle devient néceſſaire. On lui fait entendre que M. de Richelieu ſoupçonne la négociation, & que pour l'appaiſer, ou même le tromper, on veut repréſenter les billets comme exiſtans encore entre les mains de Madame de Saint-Vincent.

Mais la lecture, quoique falſifiée, de la lettre de M. de Richelieu, lui fait une impreſſion toute oppoſée. Son refus augmente les alarmes de Madame de Saint-Vincent. Elle lui reproche de *l'avoir perdue par ſes indiſcrétions.* Elle eſſaie de l'intimider par des menaces. *Il faut qu'il rende les billets, s'il ne veut pas qu'il lui arrive une affaire terrible.* Mais il a peu à craindre, ſi les billets ſont vrais ; & dans le cas contraire, d'autres ont plus à craindre que lui. Il perſiſte dans son refus. Alors le sieur Vedel & Bennavent, *présens à ces discussions*, prennent la plume & lui souscrivent avec la Dame de Saint-Vincent, *un écrit* par lequel *ils se rendent cautions solidaires des billets* qu'ils le supplient de leur confier. Ils annoncent, à la vérité, qu'ils n'entendent que s'en rendre les dépositaires momentanés à l'effet de pouvoir démentir, par la représentation qu'ils en veulent faire au sieur Marion, le soupçon des négociations. Mais Rubit ne donne point dans un piége, dont l'embarras même des acteurs lui découvre tout le danger. Madame de Saint-Vincent désespérée, *déchire à ses yeux un billet de* 600 *livres*, qu'elle avoit reçu de lui en paiement, lors de la vente, & ne lui demande, pour prix de ce sacrifice, que de vouloir bien au moins *dire au sieur Marion, en cas qu'il vînt à l'interroger, qu'il avoit rendu les billets, & qu'ils n'étoient plus en sa possession*.

Tous ces faits sont prouvés par le premier interrogatoire du sieur Rubit, & par la reconnoissance que Madame de Saint-Vincent a faite des morceaux du billet déchiré ; mais ils le sont encore par trois lettres écrites de sa propre main, & qui annoncent d'autres intrigues du même genre.

Les trois lettres sont adressées à Bennavent (1).

Dans la premiere, datée *du* 17 *Juillet*, elle lui dit :
« Ne donne pas ma signature, montrez cette lettre
» à Rubit, & gardez-la, parce qu'elle nous assurera
» de *son secret*. Je me meurs, *mon cher Bennavent;*

––––––––––––––––––––

(1) Voyez scellé apposé par le Commissaire Chesnon, par ordre du Roi, premiere liasse, pieces 11, 12 & 14.

» le Major va vous trouver. Je vous aimerai toute
» ma vie ».

Dans la seconde, sans date : « Mon cher Benna-
» vent je n'ai pas dormi une minute, *& nous sommes*
» *perdus, si Rubit nous trahit.* Il faut l'envoyer cher-
» cher de ma part, & que, pour ma tranquillité, il
» vous fasse voir ce matin les 3 B.... ensuite lui of-
» frir encore de les retirer en payant, & lui faire
» écrire & *signer qu'il n'en parlera pas.* Car son billet
» ne contient pas *le secret* que nous lui demandons.
» Faites cette réflexion, je vous prie, & au contenu
» de ce billet qui ne signifie rien ».

Dans la troisieme, aussi sans date : « Mon cher Ben-
» navent, *on fait des informations,* on a été chez cette
» femme. *Je me meurs.* Allez avertir Rubit, *& cédez-*
» *lui tout, pour qu'il ne parle de rien.* Adieu mon fils.
» Ensuite, voyez Marion, & parlez-lui, *& cherchez à*
» *découvrir ce qu'il sait;* & venez vîte, car *j'ai la fié-*
» vre, & je ne saurois mourir sans vous voir autant
» que je le pourrai. Je ne vous dis point combien je
» vous aime ».

Il auroit été à souhaiter que Rubit eût voulu expliquer les nouvelles intrigues que ces lettres annoncent. Il a eu du moins la sincérité d'avouer encore
un fait bien important. Il avoit promis le secret, mais
on se défioit de son courage. Il existoit entre ses mains
un titre bien dangereux; ce certificat que le Major & Bennavant lui avoient donné le 13 Mai.
On n'en pouvoit pas espérer le sacrifice volontaire : on tenta de le lui extorquer par adresse. Le
Major & Bennavent se transporterent chez lui, & le

prierent de leur repréſenter leur certificat, ſous prétexte, diſoient-ils, de lui donner une forme plus ré-
guliere, en y ajoutant le ſecond des deux noms du
Major, qui n'en avoit ſigné qu'un ſeul. Mais Rubit
ſe garantit de ce nouveau piége, & déclara qu'il ne
pouvoit conſentir à la moindre innovation ſur un titre
qui avoit déja paſſé ſous les yeux du Lieutenant de
Police.

A ce nom la frayeur de Madame de Saint-Vincent redouble ; mais ſes Conſeils raniment ſon courage. Elle eſſaye, par une fauſſe confidence, de ra-
lentir le zele d'un Magiſtrat redoutable au crime.
Elle vient lui avouer naïvement qu'elle a manqué à
M. de Richelieu en négociant des billets dont elle lui
a promis de ne point faire uſage avant les termes con-
venus, mais dont la réalité paroîtra d'autant moins
ſuſpeɛte, qu'elle a la bonne foi de reconnoître que la
cauſe n'en eſt point légitime : au ſurplus, le mal eſt
encore réparable. Elle retirera ces billets négociés,
remettra tout à M. de Richelieu, à qui elle ne veut
rien demander.

Mais ſon propre artifice ſe tourne contr'elle : elle
avoit tû au Magiſtrat la lettre de M. de Richelieu, &
la réponſe qu'elle y avoit faite ; & lorſque le Magiſtrat, plus inſtruit, lui demande la repréſentation de
la premiere, elle eſt forcée d'alléguer une perte
qu'elle ne peut lui perſuader. Elle n'annonce que
200,000 livres de billets, & les recherches de la Police en conſtatent déja pour des ſommes beaucoup
plus conſidérables. Elle promet de retirer ceux né-

gociés, & l'on fait qu'elle tente au même inftant de nouvelles négociations. Elle a l'imprudence, pour juftifier les titres qu'elle négocie, de repréfenter encore en nature le billet au porteur de 300,000 livres; & l'on ne peut s'empêcher de lui obferver qu'il eft incroyable que M. de Richelieu lui ait donné en échange dix billets fans retirer celui dont ils ne doivent être que la monnoie (1).

Madame de Saint Vincent fe retire convaincue qu'il ne lui étoit plus poffible d'en impofer à un Magiftrat auffi éclairé. La fuite eft fon unique reffource; mais ignoroit-elle que c'eft auffi l'une des preuves les moins équivoques du crime que le coupable fe reproche ?

Ce projet de fuite eft conftaté par le billet qui fuit, écrit de fa propre main au fidele Bennavent : « Souvenez-vous, mon cher Bennavent, qu'il faut que je parte lundi, *fans cela, je fuis perdue*, parce qu'on m'a avertie : *ainfi, je fais mes malles & je pars.* Mais il me faut de l'argent de Charriot, & je ne comprends pas pourquoi il ne veut me le donner que mardi. Je fuis dans une grande inquiétude, & vous êtes tranquille. *Je pars avec mon neveu* *. Mais encore un coup, pourquoi Charriot ne veut-il point remettre mon argent ? Il a gardé l'autre, & veut garder celui-ci, apparemment pour payer fon procès. Je fuis, en vérité, bien malheureufe en tout;

* L'Abbé de Villeneuve-Flayofc.

---

(1) Le billet exiftoit encore entre les mains de la Dame de Saint-Vincent le 25 Juillet. Il a été vu par M. de Sartine & par le fieur de Jumilhac.

» c'eſt *dans ces occaſions qu'on abandonne tout pour ſes*
» *amis, & tu me laiſſe !* C'eſt affreux à penſer. J'en
» ſuis déſolée, mon cher ami. Fais-toi donner cet ar-
» gent, *ou il faut que je ſois priſe* ».

Madame de Saint-Vincent peint, dans ce billet,
trop énergiquement ſon déſeſpoir & trop naïvement
ſon projet, pour que la lettre ait beſoin de commentaire à cet égard.

Quant à *l'argent de Charriot*, voici le mot de l'é-
nigme : C'étoit l'Huiſſier-Priſeur qui avoit vendu les
effets de Rubit, ſur la Requête des ſieurs Videl &
Bennavent. On a déja obſervé que ſon honnéteté
l'avoit déterminé à interrompre une premiere fois la
vente. Le *ſeize Juillet* Bennavent l'avoit forcé de la
reprendre, & il l'avoit interrompue une ſeconde fois,
malgré le billet par lequel Bennavent l'autoriſoit à
vendre *à quel prix que ce fût.* L'argent qui avoit été tiré
de la premiere vente avoit été remis ; mais 2800 liv.
produits par la ſeconde vente, ſe trouvoient arrêtés
entre les mains de l'Huiſſier, par l'oppoſition que Rubit
avoit faite depuis l'éclat de l'affaire. C'étoit cette
ſomme que Madame de S. Vincent vouloit arracher
des mains de l'Huiſſier, pour faciliter ſon évaſion.

On laiſſe à juger, ſur la ſeule lecture de la lettre,
ſi elle ne préſente que l'idée d'une ſimple partie de
campagne, ainſi que le prétend aujourd'hui Madame de Saint - Vincent. Elle dément elle - même ſon allégation, lorſqu'elle ajoute qu'elle vouloit ſe ſouſtraire à la vengeance de M. de Richelieu
dont elle redoutoit le crédit. Dans ſon propre ſyſ-

tème,

tême , elle n'auroit eu à fe reprocher qu'une négociation faite au mépris de la parole donnée à M.
de Richelieu , & qui n'auroit été qu'un manque
de procédé. Pouvoit-elle jamais appréhender que
le Gouvernement daignât s'occuper d'une difcuf-
fion de cette nature, & qui lui étoit fi étrangere (1) ?
Le fait, dont on va rendre compte, achevera de prouver combien elle appréhendoit peu d'offenfer M. de
Richelieu par la négociation des billets.

Madame de Saint-Vincent avoit reçu dès le feize
la lettre par laquelle M. de Richelieu défavouoit les
billets. L'affaire avoit éclaté : les Affociés de la Dame
de Saint-Vincent, qui avoient participé aux négociations, ne pouvoient ignorer la réclamation de
M. de Richelieu. Cependant, fix & huit jours après,
on a tenté encore, fous la voûte du Palais-Royal, deux
nouvelles négociations. Un billet de 2000 liv. a été
offert par Bennavent , le 24, au fieur Rolland qui le
rejetta, en difant : *Qu'il faut qu'il y ait un boiffeau de
ces fortes de billets.* Le 22 , des inconnus qui s'enve-
loppoient du plus grand myftere (2) , propofoient la

____

(1) M. de Richelieu étoit encore à cette époque à Bordeaux.

(2) L'Abbé de Villeneuve a lui même trahi le fecret, en déclarant qu'il
avoit reçu le 21 , de la Dame de Saint-Vincent, les billets en queftion ,
pour les faire négocier. Il eft à fouhaiter pour lui que le fieur Defour fe
foit accordé à reconnoître que l'Abbé de Villeneuve l'a prévenu de la
réclamation de M. de Richelieu en lui donnant les billets à négocier. Mais
comment excuferoit-il fa démarche , fi ce témoin avoit attefté qu'il ne
lui a parlé de ce fait que lorfque les billets lui ont été remis après les tentatives infructueufes qu'on avoit faites pour les vendre ?

K

vente de deux billets montans enfemble à 50,000 liv. & le marché auroit été confommé pour 33,000 l. fi les Négociateurs n'avoient point été retenus par la nouvelle que Madame de S. Vincent & Bennavent venoient d'être arrêtés. N'eft-il pas évident que des opérations auffi inexcufables n'ont pu avoir d'autre objet que celui d'efcroquer au Public des fonds fuffifans pour faciliter à Madame de Saint-Vincent les moyens de fe fouftraire à la vengeance de la Juftice, & de prévenir une accufation, dont elle fentoit que les premiers actes n'étoient fufpendus que par l'éloignement de M. de Richelieu, & par la néceffité d'attendre les pouvoirs que la forme de la procédure exige.

Cinquieme Epoque.

Nos Loix, en affujettiffant les pourfuites criminelles à de certaines formes, ont eu fans doute, autant pour objet de garantir l'innocence & la foibleffe contre les attentats de la calomnie ou du pouvoir, que d'affurer la punition des coupables. Nos perfonnes & nos biens font également fous la protection de la Loi, & la liberté, plus précieufe que la fortune, ne doit être attaquée que par des voies légales & judiciaires. A Dieu ne plaife qu'on effaie d'altérer la pureté de ce principe facré du droit naturel & de notre Monarchie.

Mais la Loi n'a point eu l'intention de favorifer l'impunité. La lenteur des formes judiciaires laifferoit prefque toujours échapper le coupable, fi l'activité du Gouvernement ne venoit quelquefois au fecours de la Juſtice. Les Magiſtrats n'ont jamais réclamé contre les aĉtes d'autorité, qui n'ont eu pour but que de préparer & de feconder leurs opérations.

Madame de Saint-Vincent alloit échapper, & avec elle peut-être les principales preuves de ſon crime, ſi la ſageſſe des ordres du Roi n'avoit prévenu une fuite trop ſuſpeĉte. Les intrigues du ſieur Bennavent, lors des négociations & depuis, ont conduit auſſi à s'aſſurer de ſa perſonne. Les pieces qui ſe ſont trouvées ſur lui ont juſtifié la précaution que la prudence avoit inſpirée. On y trouve, 1°. les lettres que Madame de Saint-Vincent lui avoit écrites, & dont on a déjà parlé; 2°. l'un des prétendus billets de M. de Richelieu; & l'on feroit tenté de croire que c'étoit le prix de ſes ſervices, s'il n'invoquoit pour preuve de leur gratuité, le témoignage de Madame de Saint-Vincent *. A l'égard de celle-ci, *ſes malles étoient faites*, on avoit détourné tout ce qui ne pouvoit point quadrer avec ſon ſyſtême ; on avoit écarté les pieces mêmes dont on a voulu l'étayer par la ſuite, & dont peut-être une partie n'exiſtoit point encore. Il ne s'eſt trouvé, ſous les ſcellés appoſés par le Commiſſaire Cheſnon, que douze pieces, dont trois étoient des projets de lettres qu'on avoit remis à Madame de Saint - Vincent pour modele de ce qu'elle devoit écrire à M. de Richelieu ; une quatrieme étoit une copie écrite de la main du Major d'une lettre prétendue de M. de Richelieu, & les huit dernieres, de prétendues lettres originales de M. de Richelieu. Voilà tout ce que la prudence n'avoit point encore

* Mémoire du ſieur de Bennavent, pag.

écarté de cette multitude de lettres qui rempliſſoient une ſerviette.

Des prétextes de ſanté ont procuré à Madame de Saint-Vincent, peu de jours après, une liberté dont il lui a été facile d'abuſer pour ſe concerter avec le ſieur de Vedel & le ſieur Abbé de Villeneuve qu'elle voyoit tous les jours. Le Garde de Police, qu'on avoit eu la précaution de lui donner, pouvoit bien empêcher ſon évaſion, mais ne pouvoit point empêcher la ſouſtraction des papiers & les autres intrigues qui furent alors pratiquées, & que M. de Richelieu ſe trouve dans l'impuiſſance de conſtater dès-lors que les uſages de la Police ne lui permettent point de faire entendre ce témoin.

La procuration, que M. de Richelieu avoit envoyée de Bordeaux pour rendre plainte avoit précédé les ordres du Roi en vertu deſquels Madame de Saint-Vincent & Bennavent avoient été arrêtés ; mais la plainte n'a pu être préſentée que deux jours après.

L'inſuffiſance de la procuration de M. le Maréchal, les nuages qui couvroient encore cette intrigue myſtérieuſe, & l'ignorance où l'on étoit du nombre des billets & de la quotité des ſommes qu'ils contenoient, a forcé de ne rendre cette premiere plainte que d'une maniere indéterminée, *contre les auteurs, complices & adhérens de la falſification & négociation de prétendus billets au porteur ſignés de M. de Richelieu.*

Les informations, en développant les circonſtances des négociations propoſées ou même conſommées, ont dû ſans doute faire tomber les premiers soupçons de la Justice sur les principaux auteurs de ces négociations frauduleuses. Mais les billets de Madame de Saint - Vincent saisis sur Bennavent, lors de sa capture, les inculpoient tous deux plus directement.

Ces premieres charges ont produit des décrets de prise de corps contre Madame de Saint-Vincent, Bennavent, le sieur de Vedel, l'Abbé de Villeneuve-Flayosc, Rubit, la femme Leroy, & des décrets d'assigné pour être ouï, contre l'Abbé Froment, le sieur Boucher de Préville, & le sieur Abbé de Transe (1).

____

(1) Les Accusés se sont récriés sur ce que ces décrets ont été décernés *aux risques & périls de M. de Richelieu.* Ils ont présenté cette circonstance comme une preuve que ces décrets n'avoient pu être que la suite de la complaisance du Juge, & d'une composition faite avec lui.

Il suffiroit peut-être d'observer qu'il y a au Châtelet plusieurs exemples de cette formule, qui n'a point été inventée pour cette affaire. Mais les réflexions les plus simples vont prouver que la clause dont il s'agit, absolument indifférente en elle-même, n'a pu avoir pour principe celui qu'on lui suppose.

La clause étoit inutile & sans objet, soit vis-à-vis de la Partie, soit vis-à-vis du Juge.

Vis-à-vis de la Partie. L'Accusateur est toujours garant des décrets qui se décernent sur la plainte lorsqu'il est Partie civile. La clause ne pouvoit rien ajouter à cette garantie de droit.

Vis-à-vis du Juge. Il ne peut être pris à Partie sous prétexte d'un décret, qu'autant qu'il est évidemment injuste. S'il en avoit décerné un de cette nature, il ne se déchargeroit point de l'action, sous prétexte qu'il ne l'a donné qu'*aux risques & périls de l'Accusateur.* Il n'en seroit que plus répréhensible, s'il n'avoit accordé qu'aux sollicitations & à la complaisance un Jugement injuste.

Les interrogatoires des accusés, leurs aveux, leurs contradictions, leurs réticences mêmes n'ont servi qu'à justifier les décrets qui avoient été décernés.

Les scellés avoient été apposés, suivant l'usage, chez les accusés décrétés de prise de corps. Lors de la levée de ces scellés, on auroit dû naturellement trouver chez Madame de Saint-Vincent, 1°. les lettres qu'elle prétend avoir reçues de M. de Richelieu, & celles qu'il lui a véritablement écrites : 2°. les lettres du Major, qui devoient former le second volume de la correspondance avec Madame de Saint-Vincent : 3°. ceux des prétendus billets au porteur qui

---

Le Juge, dans l'espece particuliere, avoit encore moins besoin que dans toute autre de chercher à se couvrir d'une précaution aussi infructueuse. Toutes nos Ordonnances sur le faux laissent à la discrétion du Juge la liberté de décerner tels décrets qu'il avisera, même avant les informations. Cette exception à la regle générale est fondée sur une raison relative à ce genre de crime. C'est un des plus graves & des plus dangereux ; mais c'est aussi un des plus difficiles à découvrir, sur-tout lorsqu'il a pour objet un faux sur écriture privée. Souvent le corps du délit n'est point constaté lors de la plainte, & ne peut l'être que par la détention imprévue de celui qui est porteur de la piece arguée de faux. Si la Justice ne se hâtoit point d'arrêter le coupable, le corps du délit échapperoit souvent avec lui aux regards de la Justice. Telles sont les raisons qui, avec plusieurs autres, ont déterminé nos Loix à laisser dans cette matiere une liberté plus étendue.

C'est donc en pure perte que les Accusés incidentent sur une clause, qui ne peut avoir eu aucun principe suspect. Avant de se plaindre des décrets, ils devroient se justifier, & répondre aux preuves qui en démontrent aujourd'hui la nécessité & la justice.

n'étoient point encore négociés ; mais tout avoit été détourné avant la premiere capture.

La serviette pleine de lettres, que Madame de Saint-Vincent avoit, dit-elle, confiée à l'Abbé de Villeneuve, ne s'eft pas même trouvée chez lui.

Le ménagement que le fieur de Vedel avoit éprouvé ne lui avoit pas infpiré plus de confiance. Ce n'eft pas cependant chez lui que fe font trouvées les pieces de fa correfpondance avec Madame de Saint-Vincent. Il les avoit dépofées chez cette femme Leroy, dont la fonction, comme Courtiere, fembloit devoir fe borner aux négociations des billets ; & l'on n'imaginoit pas que les foupçons de la Juftice s'étendroient jufqu'à elle.

On a trouvé fous les fcellés appofés chez cette femme, 1°. les lettres originales de Madame de Saint-Vincent, dont on a déjà fait connoître en partie l'objet : 2°. la copie d'une prétendue lettre de M. de Richelieu à Madame de Saint-Vincent.

Mais il manquoit à ce recueil précieux un fupplément : le hafard l'a remis fous la main de la Juftice. La femme Leroy, lors des fcellés appofés dans la chambre où elle avoit été arrêtée, avoit diffimulé qu'elle en tenoit encore dans la même maifon une feconde qu'elle louoit comme chambre-garnie, & dans laquelle elle avoit une armoire qui n'étoit deftinée qu'à fon ufage. Celui qui occupoit cette chambre fut déterminé, par l'enlévement de la femme Leroy, à quitter un féjour fufpect ; mais il crut en même tems devoir prendre la précaution de faire appoſer les ſcellés dans un appartement dont il ne pouvoit remettre les clefs à perſonne , & notamment ſur une armoire dont il ignoroit le contenu. Ces ſcellés répandirent une alarme qui ne pouvoit que rendre plus ſuſpeȼ le dépôt diſſimulé. La femme Leroy fit les plus vives ſollicitations auprès du Valet-de-chambre que le Locataire avoit laiſſé dans l'appartement, pour l'engager à retirer, au travers des fentes de l'armoire, des papiers qui y étoient contenus. Un neveu du ſieur de Vedel avoit été ſollicité de briſer les ſcellés. Il ne pouvoit s'y déterminer, & dans les tranſports de ſon agitation, il s'écrioit : *Il faut que je ſois perdu, ou mon oncle.* Le fait des ſcellés , les inquiétudes & les tentatives des accuſés parvinrent aux oreilles de M. de Richelieu & de la Juſtice. Il fut permis à M. de Richelieu de faire informer de ces faits, & de faire lever les ſcellés appoſés par le Commiſſaire Graville, en préſence de toutes les Parties intéreſſées ; & ce fut dans cette armoire précieuſe que ſe trouverent, 1°. le ſurplus des lettres de Madame de Saint-Vincent au Major : 2°. des projets de la main du Major, deſtinés à ſervir de canevas à des lettres de Madame de Saint-Vincent pour M. de Richelieu , 3°. un paquet cacheté , intitulé *Brouillon*, & qui contenoit des copies ou projets, les uns de la main de Madame de Saint-Vincent, les autres de celle du Major, de prétendues lettres de M. de Richelieu: 4°. une copie de la main de Madame de Saint-Vincent, d'une prétendue lettre à elle adreſſée par le ſieur Peixotto , avec la lettre d'envoi de cette copie

au

au Major : 5°. enfin une liaffe de fragmens découpés de lettres, tant vraies que fauffes, de M. de
Richelieu.

CEPENDANT les prétendus billets au porteur, qui
forment le corps du délit, n'avoient point encore
été dépofés au Greffe. Un feul s'étoit trouvé fur Bennavent, lors de fa premiere capture. Deux autres furent repréfentés par l'Abbé de Villeneuve, lors de
fon interrogatoire ; mais les négociations prouvées en
annonçoient beaucoup d'autres.

Un événement avoit mis M. de Richelieu en état
d'en ajouter quatre. Rubit & le fieur Préville, pof-
térieurement à l'éclat de l'affaire & même à la
plainte de M. de Richelieu, l'avoient fait affigner au
civil en reconnoiffance des billets qui leur avoient
été négociés. M. de Richelieu a profité de cette imprudence pour arrêter, par une oppofition, ces billets, dont il avoit demandé la communication par la
voie du Greffe. Le dépôt en avoit été fait les 13 &
20 Août au Greffe Civil, & ils ont été tranfportés
depuis au Greffe Criminel, conformément à l'Ordonnance du faux.

Enfin Madame de Saint-Vincent s'eft déterminée,
le 30 Août, à faire repréfenter, par fon Procureur,
les cinq derniers qui complettent, fuivant elle, la totalité des bienfaits de M. de Richelieu. Il n'eft pas
indifférent d'obferver que le Procureur qui a fait ce
dépôt, a dit les tenir *du fieur Abbé de Villeneue*.
Pourquoi donc celui-ci n'en avoit-il repréfenté que

deux, lors de son interrogatoire ? Pourquoi a - t - il fallu le mettre au secret pour le contraindre à rapporter ces derniers ?

MADAME de Saint - Vincent répandoit, par ses Emissaires, qu'elle avoit en sa possession des lettres émanées de M. de Richelieu, qui, en prouvant la sincérité des billets, devoient un jour le confondre. Elle avoit eu l'impudence de remettre à M. de Sartine, lorsqu'il exerçoit encore les fonctions de Lieutenant-Général de Police, un recueil de copies de ces prétendues lettres qu'elle avoit voulu employer pour sa justification. Ce recueil, qui avoit été remis à M. de Richelieu, lui avoit fait connoître la valeur des originaux. Il avoit, par une seconde plainte explicative de la premiere, formé une seconde inscription du faux principal, contre les lettres que l'on supposoit émanées de lui, & capables de prouver la vérité des billets ; & il avoit fait ordonner que tous les Dépositaires de ces lettres seroient tenus de les apporter.

Cependant ces prétendues lettres fuyoient toujours les regards de la Justice. L'Abbé de Villeneuve, qui en avoit été le premier dépositaire, renvoyoit tantôt à l'un, tantôt à l'autre, & personne n'osoit avouer ce dépôt précieux. Il falloit, sans doute, faire un triage dans les véritables lettres, & il pouvoit y avoir un choix plus important à faire dans les fausses. Le fruit de ces délibérations a été de faire faire le 2 Septembre, par le Procureur de Madame de Saint-Vincent, le dépôt de trente-sept lettres, ou fragmens de lettres ; mais on a eu la prudence de ne point joindre à ce dépôt quelques-unes de celles qui formoient le recueil confié à M. de Sartine. On en fera moins étonné lorfque l'on faura que l'une de ces lettres étoit *datée à Fontainebleau du* 1 3 *Novembre* 1773 : c'eft-à-dire de ce jour où Madame de Saint-Vincent prétend avoir envoyé à M. de Richelieu le paquet qui contenoit le billet au porteur, & cinq billets de 60000 livres, pour les figner.

On a parlé plus haut de l'incident de la prétendue lettre que l'on avoit attribuée à M. de Richelieu, & qui contenoit, de fa part, la reconnoiffance d'un enfant. On fe rappelle les efforts impuiffans qui ont été faits pour forcer la repréfentation de ce titre odieux *. La gravité de ce nouveau délit a déterminé M. de Richelieu à en faire l'objet d'une plainte directe.

* Voy. ci-deffus , pages 14 & fuivantes.

Des nouvelles découvertes ont produit une quatrieme plainte qui demande une explication particuliere.

Madame de Saint-Vincent s'étoit liée , pendant fon féjour à Milhaud, avec un nommé Canron, jeune homme dont elle attefte elle-même , dans fes interrogatoires, la mauvaife conduite. Cependant elle s'étoit vivement intéreffée pour lui, & étoit parvenue , par fes follicitations, à le faire accepter par M. de Richelieu pour fon Secrétaire.

Canron n'eft refté dans cette place que pendant environ deux années. Mais on voit, par la correfpondance de Madame de Saint-Vincent avec le Major, qu'elle a toujours continué fes relations avec Canron, & ces lettres préfentent ce Particulier comme ayant des rapports très-intimes avec l'intrigue particuliere des faux billets.

Une premiere (1) l'indique comme donnant le confeil à Madame de Saint-Vincent de ne point parler de fes dettes, *de tout applanir jufqu'à ce qu'elle fût arrivée ;* comme lui annonçant *qu'alors elle ne manqueroit point d'argent ;* enfin comme fon prétendu *tenant chez le fieur Peixotto.*

Une autre le préfente comme chargé de *faire avoir l'argent dont le fieur Vedel fe trouvoit avoir befoin,* & par l'effet *de prétendus billets de M. de Richelieu* (2).

On le voit tirer des lettres-de-change fur Madame de Saint-Vincent (3).

M. de Richelieu venoit d'apprendre que ce même homme avoit avoué à plufieurs perfonnes *que Madame de Saint-Vincent lui avoit propofé des chofes qui ne pouvoient que le conduire à la corde.*

Il doit être prouvé au procès, que Madame de Saint-Vincent avoit entretenu avec lui une correfpondance myftérieufe, par des lettres qui venoient à l'Hôtel même de M. de Richelieu fous trois enveloppes, dont l'une étoit pour M. le Maréchal, une feconde pour fon Secrétaire, & une troifieme pour Canron.

Ces faits jettoient fur ce particulier les plus grands

____

(1) Scellé appofé chez la femme Leroy par le Commiffaire Chefnon, 2ᵉ liaffe, piece 1.

(2) Ib. *m,* piece 2.

(3) Scellé appofé chez Madame de Saint-Vincent.

foupçons de complicité ; mais une lettre de Madame de Saint-Vincent fembloit même l'indiquer, comme celui dont elle avoit emprunté la main pour la confommation du crime. Voici ce qu'on lit en effet dans un des billets de Madame de Saint-Vincent au Major. » Tenez, je vous envoie *du caractere de cet homme*, » vous verrez qu'il parle du Maréchal, & que je le » charge de toutes nos affaires à Paris..... *Confrontez* » *les caracteres*, & voyez que cet homme eft un » homme à M. le Maréchal, en qui j'ai la plus » grande confiance, & qui a foin de toutes mes af- » faires, & qui les fait toutes. *Je vous envoie affez* » *pour confronter les caracteres. Il eft inutile, pour ce* » *que je veux prouver, que j'envoie une lettre entiere,* » *je vous envoie deux lignes de la lettre du Maréchal* » *de ce Courier, vous verrez les lettres dans le tems* (1).

Tous ces faits ont déterminé une derniere plainte, & un decret de prife de corps contre ce particulier. Sa conduite aggravoit encore les premiers indices. Dès l'inftant où l'affaire avoit fait un premier éclat, il étoit allé fe cacher au fond du *Rouergue*, dans le fein de fa famille. Le decret le trouva forti de cette retraite & paffé en Suiffe où il a été arrêté.

Tandis qu'on étoit à fa pourfuite, de nouvelles lumieres ont appris que Madame de Saint-Vincent poffédoit des talens & une expérience qui avoient pu la difpenfer d'emprunter une main étrangere. Mais il n'en étoit pas moins intéreffant de s'affurer d'un

____

(1) Scellé appofé chez la femme Leroy par le Commiffaire Chefnon, deuxieme liaffe, piece 4.

homme qui avoit certainement des connoiſſances très-particulieres de cette intrigue, & dont la conſeſſion pouvoit procurer des éclairciſſemens importans. La crainte ou la complaiſance l'ont retenu juſqu'ici. Il lui eſt échappé cependant un aveu qui, tout imparfait qu'il eſt, ne laiſſe pas que d'ajouter un trait bien propre à finir le portrait de Madame de Saint-Vincent. Preſſé d'expliquer quelle étoit cette propoſition, qu'il prétendoit avoir rejettée avec tant d'horreur, il a d'abord voulu nier le fait, & les propos qu'il avoit tenus à ce ſujet * ; il a voulu enſuite détourner le ſens de ces propos, en faiſant entendre qu'après s'être brouillé avec Madame de Saint-Vincent, il avoit pu tenir contr'elle des *diſcours un peu outrés, qui ne devoient pas être pris à la rigueur* *. Mais, preſſé davantage ſur l'époque & la nature de ſes propos, qui ne pouvoient jamais ſe prêter à une interprétation de ce genre, il eſt enfin convenu, « que » quelque tems avant ſa brouillerie Madame de Saint-» Vincent lui avoit propoſé *de mettre un nom ſur une » lettre qu'elle avoit à la main.* » Mais il eſt facile de pénétrer la mauvaiſe foi de cette demi-confidence, lorſque l'on conſidére, 1°. les détours & les dénégations qui l'ont précédée. 2°. Qu'il n'a jamais voulu déclarer quelle étoit la ſignature que Madame de Saint-Vincent lui avoit propoſé de faire. Peut-être un jour le remord lui arrachera-t-il un aveu plus ſincere.

TELS ſont les principaux incidens d'une procédure,

* 2ᵉ. interrog. art. 4.

* Ibid.

* Ibid. art. 9.

dont un plus long détail ne préſenteroit rien que d.
différent. Il ſuffit d'obſerver qu'elle eſt aujourd'hui
portée preſque à ſa fin ; toutes les informations ſont
faites, les Experts ont donné leurs dépoſitions ſur les
pieces de comparaiſon, & ſur un corps d'écriture
que la Juſtice a cru devoir exiger de M. de Richelieu ; tous les témoins entendus à Paris, ou qui s'y
ſont trouvés ſont recollés, & il y a même déjà pluſieurs confrontations de faites.

Il eſt étonnant que Madame de Saint-Vincent ait
oſé, dans un libelle rendu public, reprocher à M. de
Richelieu d'affeɛter des lenteurs pour prolonger ſa
captivité. On conçoit aiſément le tems qu'a dû conſommer une procédure immenſe contre neuf Accuſés, des informations où plus de 70 témoins ont été
entendus à Paris, à Montauban, à Poitiers, à Milhaud, une multitude d'interrogatoires, que les circonſtances & les détours des Accuſés ont encore rendus plus volumineux, le dépôt de toutes les pieces
arguées de faux, qu'il a fallu arracher des mains qui
en étoient dépoſitaires, une vérification de trente-
trois pieces attaquées par l'inſcription de faux : cependant toutes ces opérations ont été faites en moins
de trois mois & demi. Les témoins étoient preſque
tous recollés, & les confrontations commencées dès
le mois de Novembre. L'inſtruɛtion ſeroit totalement
achevée, & le Jugement définitif vraiſemblablement
rendu dans le premier Tribunal, ſi les artifices de Madame de Saint-Vincent n'avoient arrêté une aɛtivité,
dont, par une inconſéquence inconcevable, elle a fait

même un reproche à son Juge. Des maladies suppo-fées ont suspendu les confrontations, par les formali-tés qu'il a fallu remplir, pour prouver la fausseté de l'excuse. Quatre recusations, que l'on a affecté de ne proposer que successivement quoique fondées sur le même prétexte, & qu'il a fallu juger les unes après autres, ont emporté de nouveaux délais. Tels sont les artifices par lesquels Madame de Saint-Vincent a re-tardé l'instruction jusqu'à cette époque connue qui a totalement suspendu la procédure.

Mais ne faisons point à Madame de Saint-Vincent un reproche de ces petites ressources. Les faits dont on a rendu compte, ne prouvent que trop l'intérêt qu'elle peut avoir à éloigner le Jugement. Il ne s'agit plus que de réunir les conséquences qui en résultent, & d'y ajouter quelques réflexions & quelques preu-ves, qui n'ont pas pu entrer dans la déduction des faits, ou qui sortent de l'inspection des pieces qui sont arguées de faux. Cette seconde Partie achevera de porter jusqu'à l'évidence la réalité du délit dont M. de Richelieu poursuit la punition.

MOYENS.

L'Ordonnance du faux admet deux sortes de preuves pour la conviction des coupables.

La premiere, commune à tous les délits, résulte de l'interrogation de l'accusé, des titres, c'est-à-dire, des papiers ou écrits de l'accusé, & des dépositions des témoins.

La

La feconde, que la nature particuliere du crime de faux a fait admettre, & qui lui eft propre, confifte dans la vérification des écritures, par la dépofition des Experts fur pieces de comparaifon.

M. de Richelieu n'a aucun intérêt d'examiner la queftion de favoir quel eft le degré de foi que peut mériter le fecond genre de preuves qui eft textuelle-ment admis par l'Ordonnance : s'il eft fuffifant en lui-même, ou s'il eft abfolument néceffaire qu'il foit foutenu par des preuves de la premiere efpece.

Le texte de l'Ordonnance autoriferoit à foutenir que la dépofition des Experts peut fuffire pour prou-ver un faux. L'Ordonnance admet, mais n'exige point le concours de toutes les preuves qu'elle indi-que. Après avoir dit qu'il fera informé des faits *tant par titres que par témoins, comme auffi par Experts, enfemble par comparaifon d'écritures ou fignatures;* elle ajoute : *Le tout felon que le cas le requérra ; & lorfque le Juge n'aura point ordonné en même tems ces différens genres de preuves, il pourra y être fuppléé, S'IL Y ÉCHET, par une Ordonnance ou Jugement poftérieur*[*]. En laiffant au Juge la liberté de cumuler, ou de ne point cumuler, tous les genres de preuves dont elle fait mention, l'Ordonnance annonce clairement que leur concours n'eft point abfolument néceffaire.

Il n'eft d'ailleurs perfonne qui ne fente que cette réunion eft fouvent impoffible. De tous les délits le plus dangereux, parce qu'il eft le plus difficile à prou-ver par les voies ordinaires, eft celui du faux, fur-tout lorfqu'il a pour objet la contrefaction d'une écri-

[*] * Titre I, du faux principal, art. 3.

ture privée. Des moyens, malheureusement trop connus, en rendent l'exécution facile ; l'obscurité, dans laquelle peut s'envelopper la main qui opere en secret, ne laisse guere de ressource à la preuve testimoniale. Plus le crime est caché, plus le coupable le nie avec audace, & plus il est difficile, par conséquent, de le convaincre par ses réponses.

Aussi trouve-t-on dans les annales de la Justice une plusieurs exemples de faussaires condamnés sur la seule autorité de la preuve par Experts & comparaison d'écritures. Le Juge, qui ne doit rien négliger pour instruire sa religion, rassemble, autant que cela est possible, tous les genres de preuves. Mais la qualité particuliere du crime de faux le force souvent de se réduire au témoignage des Experts.

Vainement opposeroit-on au texte précis de l'Ordonnance les lieux communs tant rebattus de l'incertitude de la preuve par comparaison d'écritures. Le Législateur connoissoit toutes ces objections ; il savoit que, si la décision des Experts porte quelquefois sur des conjectures moins décisives, les connoissances particulieres de leur art peuvent conduire à des découvertes importantes, & qui échapperoient à d'autres yeux ; c'est après avoir balancé toutes les considérations, qu'il a autorisé expressément la preuve qui résulte de la comparaison d'écritures par deux Loix qui permettent le concours de diverses preuves ; mais qui n'en exigent point la réunion.

Au fonds, toutes ces dissertations métaphysiques, auxquelles se sont livrés quelques Auteurs, sont plus propres à intéreſſer la curioſité, qu'à déterminer la déciſion de la Juſtice. La queſtion de ſavoir quelle eſt l'autorité du ſuffrage des Experts, eſt plus de fait que de Droit.

Lorſque les Experts ne ſeront point parfaitement d'accord, lorſque leurs dépoſitions, quoique conformes, ne ſeront point affirmatives, lorſque les motifs & les preuves qu'ils donneront de leur avis ne s'accorderont point, ou ne préſenteront que des conjectures plus ou moins preſſantes, le Juge déſirera ſans doute que le témoignage des Experts ſoit confirmé par quelques-unes des autres preuves que la Loi admet. Ce ſecond genre de preuves pourra encore devenir néceſſaire ſi le premier n'établit que le faux matériel, ſans indiquer la main qui l'a commis.

Mais quand la dépoſition des Experts ſera unanime, quand elle ſe trouvera fondée ſur des preuves ſi évidentes qu'elles porteront la conviction avec elles, quand le faux matériel ſe trouvera démontré par des preuves qui frapperont à leur ſeule inſpection; ce ſeroit une dériſion que de prétendre que le Juge ne pourra point y aſſeoir ſon jugement, & d'imaginer qu'il ne lui ſera point permis de punir un crime évident, à moins qu'il n'en trouve encore la preuve dans l'interrogatoire d'un accuſé auſſi adroit qu'intrépide, dans des écrits émanés de lui, que l'imprudence adminiſtre rarement, ou dans une preuve teſtimoniale moralement impoſſible en matiere de faux ſur écriture privée.

Mais, on le répete, M. de Richelieu n'a aucun in-

térêt de difcuter une queftion trop étrangere à la pofition où il fe trouve. Le faux qu'il dénonce eft phyfiquement & évidemment démontré par la feule infpection des pieces. Les interrogatoires de Madame
de Saint-Vincent, des pieces émanées d'elle-même,
& qu'elle reconnoît, les faits qui doivent être conf-
tatés par les informations, ajoutent à la preuve phy-
fique une preuve morale, qui porte jufqu'à l'évidence
la démonftration du délit, & qui en indique en même
tems l'auteur.

PREMIER GENRE DE PREUVES.

LA Juftice peut & doit feule avoir la connoiffance
de ce que contiennent les dépofitions qui ont été faites par les Experts nommés d'office. Mais le faux, fur
lequel ils ont dû s'expliquer, eft fi frappant, que les
yeux les moins pénétrans & les moins expérimentés
le peuvent faifir.

L'infcription de faux ne portoit, dans le principe,
que fur les prétendus billets au porteur, foufcrits par
M. de Richelieu, dont les négociations avoient prouvé l'exiftence, mais dont on ignoroit le nombre jufqu'au dépôt.

La défenfe de Madame de Saint-Vincent a conduit
à une feconde infcription de faux contre des pieces
d'un autre genre. Elle a prétendu juftifier la vérité
de fes titres par des lettres de M. de Richelieu. Elle
en a dépofé trente-fept; l'Abbé de Villeneuve en a
joint deux lors de fes interrogatoires, & le fieur Bennavent une autre. Plufieurs de ces lettres n'ont point

mérité l'attention particuliere de M. de Richelieu, parce qu'elles font abfolument étrangeres à la queftion. Mais il en a argué de faux vingt-deux, & il n'y en a même dans ce nombre que neuf qui aient quelque relation à l'affaire des billets.

Enfin la lettre, que M⁰ Lafitte a préfentée à plufieurs perfonnes, a formé l'objet d'une troifieme infcription de faux.

I.

D'abord, quant aux billets, une feule obfervation en démontre jufqu'à l'évidence la contrefaction.

Les billets dépofés préfentent douze prétendues fignatures de M. de Richelieu, appofées au bas d'autant de billets, dont le furplus eft reconnu pour n'être point de fa main.

De ces douze fignatures il y en a huit qui font tellement conformes dans la largeur, hauteur & diftance des lettres, que ces huit fignatures paffées l'une fur l'autre, & examinées à l'aide de la tranfparence du papier, fe calquent & s'indentifient entiérement. Les mots qui compofent les fignatures, & chacune des lettres qui compofent les mots, fe couvrent exactement, fans qu'il foit poffible d'obferver la moindre différence dans les dimenfions, la forme, les traits, & même la diftance des lettres entr'elles.

Le Défenfeur de M. de Richelieu a fait lui-même une feconde épreuve. Si l'on prend au compas la longueur exacte d'une de ces fignatures, en pofant l'une des pointes du compas fur le jambage de l'*l* qui commence la fignature *le M̄al Duc de Richelieu* , & l'autre pointe fur le dernier jambage de la lettre *u* qui la termine , & portant enfuite le même compas fur les fept autres fignatures, on retrouve toujours la même longueur. Renouvellant enfuite la même expérience fur les trois parties de la fignature qui féparent plus fenfiblement les mots, en cette forme *le M̄al   Duc   de Richelieu*, on retrouvera toujours dans les huit fignatures la même dimenfion géométrique fur ces trois parties.

Il feroit abfurde d'attribuer au hafard une reffemblance auffi géométriquement parfaite. Qu'on prenne l'Expert le plus inftruit dans l'art de l'Ecriture, dont la main fera la plus fûre & la plus adroite , il ne parviendroit point avec la plus grande attention, à faire deux , & , à plus forte raifon, huit fignatures de fon propre nom, d'une telle reffemblance dans leurs proportions, qu'elles fe confondent & s'identifient dans tous leurs points avec cette précifion géométrique.

Il n'y a qu'un feul moyen qui puiffe produire une auffi entiere reffemblance. Il faut que les huit fignatures aient été contre-tirées à la vitre , par la même main, fur une feule fignature prife pour modele. En fuivant à la tranfparence de la vitre les traits de la fignature originale , il eft aifé d'en former une fauffe qui lui fera parfaitement reffemblante, & qui en aura néceffairement les mêmes dimenfions; le faux fera difficile à prouver, fi le modele fupprimé ne peut plus être comparé avec la copie. Mais l'adreffe même du fauffaire le trahit, s'il a l'imprudence de réitérer fon

crime fur le même modele. Plus l'habitude & l'expérience donneront de précifion à fon imitation, plus
fon crime fera facile à découvrir, parce qu'il eft phyfiquement impoffible que huit fignatures de la même
perfonne fe reffemblent entiérement dans la hauteur
& largeur des lettres, & dans leur diftance entr'elles.
Ce qui eft phyfiquement impoffible pour la fignature
même de l'homme le plus expert, & qui s'efforce-
roit d'y parvenir, l'eft, à bien plus forte raifon, pour
la fignature d'un homme du monde qui peut écrire
avec facilité, mais fans art, & qui figne avec négligence.

La même obfervation qui démontre le faux des
huit billets, le démontre pour les quatre autres. Cel-
les-ci ont entr'elles le même rapport parfait de fimi-
litude & de proportion qui exifte entre les autres.
Ce qui prouve jufqu'à l'évidence que les douze ont
été à la vérité tirées fur deux modeles différens, mais
que huit ont été contre-tirées à la vitre fur un modele, & quatre fur un autre.

La différence qui fe trouve entre les dimenfions de ces quatre fignatures, & celles des huit premieres, donne un nouveau degré de force à la preuve
que M. de Richelieu préfente à la Juftice. Il en réfulte qu'il y a de la variété dans les fignatures de
M. de Richelieu, comme dans celles de toutes perfonnes. Cependant l'on trouve ici huit fignatures
d'une part, & quatre de l'autre, qui n'ont pas la plus
légere diffemblance. L'explication d'un pareil phé-
nomene fe préfente d'elle-même. Ce ne peut être

que l'identité du modele fur lequel les fauffes fignatures ont été contre-tirées à la vitre, qui a produit
l'identité grofliérement mal-adroite de huit fignatures, & de quatre autres entr'elles.

Les connoiffances plus profondes, que les regles
de l'art & l'expérience doivent donner à des Experts,
les auront fans doute mis dans le cas de faire beaucoup d'autres obfervations qui, quoique moins à la
portée de tout le monde, n'en feront pas moins importantes aux yeux de la Juftice. M. de Richelieu
ne peut que s'en rapporter à leur intégrité & à leurs
lumieres. C'eft à eux feuls qu'il appartient de diftinguer & d'indiquer les différences qui peuvent fe rencontrer entre un caractere naturel & l'imitation forcée & craintive d'un fauffaire : celles que la maniere
de tenir la plume, contractée par l'habitude, peut
mettre entre une écriture & une autre ; celles enfin
que peut produire la pofition de la plume dans une
contrefaction à la vitre. M. de Richelieu ne doute
pas que tous ces points de vue n'aient fourni aux
Experts beaucoup d'autres remarques bien décifives.
Mais, il le dit avec confiance, celle qui réfulte de la
feule identité des fignatures, porte la preuve du faux
à un fi haut degré d'évidence, qu'elle fuffit pour convaincre les efprits les plus difficiles.

I I.

La fauffeté des billets annonce d'avance celle des
lettres, que Madame de Saint-Vincent invoque pour
fe

en soutenir la vérité. La même main, qui s'est formée les premiers titres, a pu & dû se fabriquer les seconds. Soit que les prétendues lettres de M. de Richelieu aient été fabriquées dans le même objet que celles qui avoient été fausement attribuées au Sr Peixotto, & qu'elles n'aient été destinées, dans le principe, qu'à tromper le sieur de Vedel ; soit qu'elles aient été depuis concertées avec lui, il sera toujours évident que Madame de Saint-Vincent, occupée dès Poitiers, & peut-être dès Milhaud, du projet qu'elle n'a fait éclorre qu'à Paris, & qu'elle n'y a exécuté que par une foule d'opérations successives, a eu tout le tems de se forger ces nouveaux titres. Il est au contraire impossible que M. de Richelieu ait rien écrit de relatif à des billets qu'il n'a jamais faits, ni eu intention de faire. La seule fausseté du titre prouveroit donc la fausseté des prétendues pieces justificatives. C'est ici une présomption *juris & de jure*, qui équipole, en Justice, à une preuve complette.

Mais M. de Richelieu n'est point réduit à de simples présomptions. La preuve physique du faux est aussi évidente pour les lettres que pour les billets ; &, ce qui paroitra peut-être incroyable, cette preuve est du même genre que celle qui s'applique aux signatures.

Au nombre des lettres que Madame de Saint-Vincent a fait déposer elle-même, & qui ont été prises pour pieces de comparaison de celles qui sont arguées de faux, se trouve celle qui suit :

N

« Je ne feré jamais étonné d'une étourderie de votre
» part ma très - chere coufine. Mais vous ête
» cependant faite pour être bien aimée. Il me femble
» que l'intérêt que vous ne devez pas douter que je
» prends à ce qui vous regarde mériteroit un peu que
» vous m'en difiez quelque chofe. Mais je n'en fuis
» pas à cela près avec vous. Et pourvu que vous foyez
» heureufe je feré content.

Ce lun. . . . . .

Il eft évident que cette lettre n'a aucun rapport
direct ni indirect avec l'hiftoire des billets & des
mandats; elle n'a trait qu'aux foins que M. de Richelieu prenoit pour adoucir les rigueurs de la premiere
détention de Madame de Saint-Vincent.

Mais il fe trouve au nombre des pieces arguées de
faux , une feconde lettre conçue dans les mêmes termes , & entiérement femblable à la précédente , à
trois différences près : 1°. Au lieu de ces mots *d'une
étourderie*, qui fe lifent à la premiere ligne, on a fubfti-
tué ceux-ci *que vous me dites :* 2°. Au-lieu de ces mots
qui compofent la fixieme ligne, & la moitié de la feptieme (*vous m'en difiez quelque chofe. Mais je n'en fuis
pas à cela près avec vous*), on lit ceux-ci (*vous me
croyez. J'enverrai votre mandat fi je ne vas à Paris
ces jours-cy*). 3°. Après ces mots qui achevent la
feptieme ligne, & qui ne donnent à la huitieme
qu'une moitié de ligne, à laquelle la lettre fe termine, (*Et pourvu que vous foyez heureufe je ferai con-*

tent), on lit ceux-ci (*mais vous prendrez le tiers pour vous guider*), qui achevent la huitieme ligne, & en commencent une neuvieme & derniere.

Cette lettre eſt au ſurplus terminée comme l'autre, par cette date : *Ce lun. . . . .*

Ce n'eſt pas aſſez de dire que ces deux lettres ſe reſſemblent dans le contexte, à la ſeule différence de la ligne & demie qui a été changée, & des deux demi-lignes qui ont été ajoutées à la ſeconde ; il faut obſerver de plus que ces deux lettres ſe reſſemblent encore dans la forme : 1°. elles contiennent le même nombre de lignes, à l'exception de la neuvieme qui eſt ajoutée à la ſeconde : 2°. les lignes, qui n'ont point été ſubſtituées ou ajoutées dans l'une, contiennent le même nombre de ſyllabes commençant & finiſſant par les mêmes mots : 3°. les dates ſont ainſi figurées ſur toutes deux, *Ce lun. . . . .* Et miſes ſur le papier à la même place *.

Voilà l'un de ces titres importans par leſquels on prétend rejetter ſur M. de Richelieu le crime de fauſſeté qu'il impute à Madame de Saint-Vincent.

Mais certainement Madame de Saint-Vincent n'y a pas réfléchi lorſqu'elle a eu l'imprudence de faire dépoſer ces deux lettres. Une pareille démarche ne juſtifie que trop les reproches que ſes fideles amis lui ont faits de *gâter ſes affaires lorſqu'elle s'en mêle elle-même*. Si elle les avoit conſultés en cette occaſion, ils lui auroient obſervé que M. de Richelieu tourneroit contr'elle les armes avec leſquelles elle prétendoit l'attaquer.

* Voyez aux Pieces juſtifica-tives N. II, ces deux lettres fi-gurées,

N ij

Une premiere réflexion fort simple suffiroit pour démontrer la contrefaction de la seconde de ces lettres. Il seroit bien singulier qu'il fût sorti de la plume de M. de Richelieu deux lettres absolument semblables dans leur contexte, à quelques mots près, & que les seuls mots différens fussent positivement ceux dont Madame de S. Vincent se sert pour en détourner le sens & l'objet (1). Il seroit bien singulier que ces lettres, si semblables dans leur contexte général, fussent encore mesurées, à une petite addition près, par le même nombre de lignes, & les lignes par le même nombre de mots; & que toutes deux se trouvassent indiquer une même date, sinon de mois & d'année, au moins de jour. Le hasard ne produit point des rapports aussi singuliers & aussi révoltans; & le seul bon sens annonce que l'une n'est qu'une

____

(1) Le changement qui a été fait à la premiere ligne, n'a eu pour objet que déviter l'inconvénient de l'opposition frappante qu'auroit formé le reproche d'étourderie avec la confiance que suppose l'envoi du mandat. Mais le changement même prouve la gêne où s'est trouvé l'Auteur de la contrefaction. La phrase qu'il a été obligé de former pour s'accorder avec la mesure des lignes, est d'un style ridicule. *Je ne ferai jamais étonné que vous me dites de votre part.* . . . . Le même embarras a produit à la sixieme ligne une autre faute. On y a oublié le mot *suis*, qui auroit été nécessaire pour le sens. Mais les mots substitués remplissoient la ligne, & l'on vouloit à la suivante retomber sur le mot *pas*, qui la commence. Voyez aux Pieces justificatives les lettres figurées.

contrefaction de l'autre , & que le fauffaire n'y a changé ou ajouté que les mots qui pouvoient être né-ceffaires ou utiles à fon objet.

Mais il y a plus : & c'eft ce qui va convaincre les efprits les plus incrédules. Si l'on applique avec juf-teffe la feconde lettre fur la premiere, on trouve que les mots & les lignes pareilles dans les deux lettres fe couvrent entiérement ; que les lignes, les mots & les lettres ont la même hauteur, la même largeur & la même longueur; ce qui feroit de toute impoffibi-lité , fi les deux lettres étoient de la même main, en-core que l'intention eût été de recopier la premiere. Les feules différences qui exiftent confiftent: 1°. dans les mots & les lignes fubftitués & ajoutés, qui ne peuvent point trouver dans l'autre leur type de com-paraifon : 2°. en ce que dans la lettre fauffe on trouve une ligne ou deux dont les intervalles ne font point égaux à ceux qui féparent les mêmes lignes dans la lettre originale. Cette irrégularité provient évidem-ment de ce que le fauffaire, n'ayant pas pu fixer fur la vitre le papier où il écrivoit, & ayant peut-être fait fon opération à plufieurs reprifes, n'a cherché qu'à reprendre, comme il pouvoit, les lignes qu'il vouloit copier. Mais fi, lors de la vérification, l'on fait un peu vaciller le papier pour retrouver les lignes de l'original, on les voit enfuite s'identifier avec celles de la copie , lorfque le papier a repris la même po-fition qu'on lui a donnée au moment de l'opération; & alors les lignes, les mots & les lettres s'identifient entiérement.

Enfin, à la feule infpeétion, l'on demeure convaincu que l'original & la copie ne font point de la même main ; l'écriture de la copie eft beaucoup plus maigre que celle de l'original & plus tremblante. Le fauffaire a dû fe fervir d'une plume plus affilée pour qu'elle pût lui laiffer appercevoir & fuivre tous les traits qu'il copioit, & la contrainte d'une pareille opération a dû rendre néceffairement les traits moins fermes & moins hardis.

La preuve du faux des autres lettres n'eft guere moins frappante que celles qui viennent d'être préfentées fur la premiere.

Parmi ces lettres, il en eft un grand nombre dont la vérité ou la fauffeté feroit très-indifférente à l'affaire, parce qu'elles n'ont aucune relation direéte ou indireéte avec les billets argués de faux. Des vingt-deux lettres que M. de Richelieu a méconnues, pour le feul intérêt de la vérité, il n'y en a que neuf qui parlent *d'argent*, de *billets*, ou de *mandats*.

On fera voir dans la fuite que la fauffeté de ces lettres fe trahit par leur propre contexte. Mais on fe borne en ce moment aux preuves phyfiques.

On a déja obfervé que plufieurs perfonnes, à Poitiers, ont connu les moyens que Madame de Saint-Vincent employoit pour contrefaire les lettres de M. de Richelieu. Son procédé étoit de prendre, dans les lettres véritables qu'elle avoit reçues, des phrafes entieres quand elles pouvoient s'appliquer à fon objet. De chercher enfuite dans ces mêmes lettres les demi-phrafes, & les mots épars dont elle avoit befoin pour former le total de fa lettre. En appliquant le papier où elle écrivoit fur celui qui lui fervoit de bafe, elle contre-tiroit, à la faveur de la tranfparence des papiers pofés fur une vitre, les phrafes & les mots qu'elle fe propofoit d'employer.

On vient de voir un exemple de ce procédé fur une lettre entiere, où elle n'a changé que quelques mots, en voici un fecond fur le contre-tirement de mots fugitifs pris çà & là dans des lettres véritables.

Au nombre des lettres arguées de faux, fe trouve celle qui fuit : « *Je ne feré* point *encore* chez vous » lundi, *ma très chere* bonne *coufine*, mais ce fera » dans la femaine, ma fille eft très-malade. Je vous » écriré mardy, & pourvu que j'ai un moment j'i- » rai chez vous, ou bien vous viendré chez moi » avec votre tiers à 8 heures. *Mais je n'en fuis pas* » *feur* & j'aime mieux aller chez *vous*. Soyez fur » que je ne partirai pas fans avoir remis le mandat ».

Dans cette lettre les mots *je ne feré... encore... ma très chere coufine... votre... vous... Mais je n'en fuis... pas*, font tous contre - tirés fur les mêmes mots qui fe trouvent dans la lettre véritable qu'on a déja tranfcrite, & fur laquelle a été formée la premiere des lettres fauffes qu'on a ci-deffus difcutée. Il eft facile de fe convaincre du contre-tirement de ces mots, en appliquant ceux que l'on vient de citer fur les mots pareils qui fe trouvent dans la piece de comparaifon ; ou bien encore en mefurant au compas ces lettres dans l'original , & dans la lettre que l'on vient de rapporter. On verra dans la premiere opération que les mots & les lettres s'appliquent & s'identifient. Dans la feconde , l'ouverture du compas fera fentir le rapport & l'identité des proportions qui fe trouvent entre les mets pris pour modeles, & ceux qui ont été contre-tirés.

Le même procédé fe reconnoît encore, 1°. en ce que dans plufieurs des lettres arguées de faux, on retrouve des phrafes entieres de celles que M. de Richelieu n'a pas cru devoir examiner plus particuliérement ; 2°. en ce que dans plufieurs des lettres arguées de faux, on retrouve les mêmes phrafes répétées. Il eft difficile de préfumer que M. de Richelieu fût tombé dans de pareilles répétitions. Il eft au-contraire facile de concevoir que le ftyle des épîtres forgées par Madame de Saint-Vincent, a dû fouvent être gêné par la difficulté de trouver des modeles qui puffent lui permettre de le varier.

La maigreur du caractere de prefque toutes les lettres eft une nouvelle preuve du procédé. Elle a dû provenir, comme on l'a déja obfervé, de la néceffité d'employer une plume plus fine, afin que l'on pût appercevoir plus aifément les traits que l'on vouloit fuivre.

Enfin il étoit impoffible que Madame de Saint-Vincent trouvât dans les lettres originales de M. de Richelieu les mots de *tiers* & de *mandat*, qu'il n'a jamais

mais employés. Auffi ces mots, dans les lettres fauffes, préfentent-ils un génie qui s'écarte fenfiblement de celui que préfente l'écriture de M. de Richelieu.

Les obfervations, que les Experts auront faites, d'après les connoiffances qui leur font propres, préfenteront certainement d'autres preuves auffi décifives, quoique d'un genre différent.

Ils n'auront pas fans doute manqué d'obferver les différences qui fe trouvent, entre l'écriture de ces lettres & celles de M. de Richelieu, dans la configuration de certaines lettres, dans la ponctuation des j, dans l'ortographe de plufieurs mots, dans l'habitude différente de la pofition de la plume, qui caractérife ordinairement les écritures propres à une certaine main; ils n'auront pas oublié d'obferver, fur les deux feules lettres qui préfentent une fignature, que l'une de ces fignatures eft extrêmement furchargée d'encre, & que l'autre fe trouve calquée fur le même modele qui a produit quatre de celles appofées fur les billets. Que le papier, fur lequel ces lettres font écrites, eft d'une forme différente de celui dont il eft certain que M. de Richelieu s'eft toujours fervi, & que la plupart ne font même que des fragmens de lettres découpés, ou des billets écrits fur de petits morceaux de papier, & dans une forme fous laquelle M. de Richelieu ne fe feroit point permis d'écrire à une femme du rang de Madame de Saint-Vincent. Enfin ils n'auront pas manqué d'obferver que l'écriture de M. de Richelieu & celle du Fauffaire préfentent un gé-

O

nie (1) évidemment différent qui frappe à la feule infpection.

Mais qu'eſt-il befoin de s'appéfantir fur les preuves particulieres qui peuvent s'appliquer à chacune de ces lettres ? La fauſſeté, démontrée pour une feule, prouve la fauſſeté de toutes celles que M. de Richelieu défavoue. Madame de Saint-Vincent n'en tire qu'une feule & même conféquence. S'il eſt prouvé qu'elle fe foit fabriquée un feul des titres qu'elle invoque pour foutenir la vérité des billets, s'il eſt prouvé qu'elle ait ofé contrefaire une feule des lettres qu'elle oppofe, il n'eſt plus poſſible d'admettre aucune de celles qu'elle préfente & que M. de Richelieu défavoue. Si Madame de Saint-Vincent avoit eu entre fes mains huit lettres véritables, elle n'auroit jamais imaginé d'en forger une neuvieme, qui ne pourroit rien ajouter à la preuve.

I I I.

Fauſſeté de la lettre relative à la paternité.

Qui pourroit douter enfin de la fauſſeté de toutes ces lettres, d'après l'abandon que Madame de Saint-Vincent a été forcé de faire de celle qu'elle avoit ofé annoncer avec tant d'oſtentation ? On entend parler de cette lettre par laquelle on avoit entrepris

---

(1) Qu'on nous paſſe ce terme technique, qu'il feroit difficile de fuppléer par aucun autre fynonime capable d'en rendre le véritable fens.

de prouver l'exiſtence d'un enfant avoué par M. de Richelieu.

Ce ſeroit inutilement que l'on voudroit aujourd'hui élever des doutes ſur le fait de cette lettre. Les précautions, qu'on a priſes pour la ſouſtraire aux regards de la Juſtice, n'effacent point les traces d'un corps de délit qui demeure toujours certain. Il doit être prouvé par le témoignage des perſonnes qui ont vu & lu la lettre; il l'eſt encore par les procédures judiciaires que M. de Richelieu a faites pour en forcer la repréſentation, par les réponſes mêmes de Madame de Saint-Vincent, qui s'eſt contentée de nier qu'elle l'eût montrée ſans en méconnoître l'exiſtence, enfin par la réponſe de ſon Procureur, qui a ſeulement prétendu avoir remis la lettre, ſans nier l'uſage qu'il en avoit fait.

Si l'exiſtence de la lettre eſt certaine, ſa fauſſeté ſe démontre par le refus même que fait Madame de Saint-Vincent de la faire reparoître. Son propre témoignage eſt plus déciſif que toutes les preuves phyſiques qui pourroient réſulter de l'inſpection du titre.

Contentons-nous de faire ſur ce dernier faux une obſervation bien importante. Les différentes perſonnes, qui ont vu cette lettre, avoient été tellement frappées de la reſſemblance de l'écriture, dont on ſe faiſoit même un triomphe, que leur bonne foi auroit peut-être cédé à l'excès de l'artifice, ſi la raiſon leur avoit permis d'héſiter entre le déſaveu de M. de Richelieu & l'aſſertion d'une femme telle que Madame de Saint-Vincent. Peut-être leur reſteroit-il encore quelque scrupule à cet égard, si leur Jugement ne se trouvoit point fixé par le refus qu'elle fait de représenter le titre le plus important qu'elle pût invoquer pour sa justification. Un pareil fait, qui ne peut servir qu'à prouver l'adresse du Faussaire, doit apprendre à la Justice & au Public combien les yeux doivent se méfier de la prétendue ressemblance des écritures. Il n'y auroit point de Faussaires, s'il n'existoit point un art pour imiter. Les regiftres de la Justice conservent encore les monumens trop fameux de l'hiftoire des *faux contrats*. L'imitation avoit tellement approché la vérité, que plufieurs Notaires avoient reconnu leurs propres fignatures. Néanmoins la fausseté en fut complettement démontrée par le rapport des Experts & par les autres preuves morales que l'inftruction adminiftra.

C'eft par les mêmes fecours que M. de Richelieu démontre aujourd'hui une fausseté, exécutée avec beaucoup moins d'adresse.

On vient de voir les preuves phyfiques, qui réfultent de l'infpection même des pieces, & que doit confirmer le témoignage des Experts. Développons maintenant un fecond genre de preuves, qui auroit pu rendre inutile les premieres, mais qui y donnera une nouvelle force.

SECOND GENRE DE PREUVES.

Ce fecond genre de preuves réfulte des interrogatoires de Madame de Saint-Vincent, des pieces qu'elle a reconnues, des faits qui ont été annoncés & qui doivent être prouvés par les informations & par les autres charges du procès. Pour donner plus d'ordre & de clarté à cette seconde démonſtration, on rangera les preuves qui la compoſent ſous quatre réflexions principales.

Les faux multipliés, dont la Dame de Saint-Vincent eſt convaincue, & la connoiſſance acquiſe des moyens, qu'elle a employés pour les exécuter, la font préſumer capable d'un crime du même genre.

Ses propres lettres & ſes diſcours la montrent occupée depuis long-tems d'un projet qui l'intimidoit elle-même, & qui ne peut être que le crime dont il s'agit.

Le faux ſe manifeſte dans toutes les parties de la fable qu'elle débite. C'eſt un tiſſu monſtrueux d'abſurdités, de contradiĉtions & de fauſſetés palpables.

Enfin, elle s'eſt trahie par l'uſage qu'elle a fait de ſes prétendus titres, encore plus par la conduite qu'elle a tenue au moment où ſon crime a éclaté & par les précautions & les artifices de ſa défenſe.

Après avoir développé ces preuves, il ſera facile d'enlever à Madame de Saint - Vincent les foibles reſſources qu'elle croit trouver dans quelques objeĉtions, dont la diſcuſſion n'aura pas pu entrer dans le corps de ces quatre réflexions.

PREMIERE RÉFLEXION.

Habitude aux faux.

C'est un principe reçu en Justice, qu'un accusé convaincu de plusieurs crimes est plus facilement présumé coupable du crime particulier qui lui est imputé, lorsqu'il est du même genre. *Semel malus, facilè præsumitur malus in eodem genere mali.* Quel axiome terrible pour Madame de Saint-Vincent !

Toutes les époques de sa vie, toutes ses actions sont marquées par des faux. Elle a laissé dans tous les lieux, qu'elle a habités, des traces de son goût & de ses talens. A Milhaud elle forge une fausse lettre de M. de Richelieu, pour se procurer le foible

* V. ci-dessus, pages 8 & 9.

avantage de paroître reconnoissante *. A Poitiers elle contrefait l'écriture & la signature de la Prieure,

* V. ci-dessus, page 26.

pour satisfaire un caprice de parure *. Elle trompe son propre ami par une correspondance avec le sieur Peixotto, dont elle suppose des lettres qui n'ont

* V. ci-dessus, pages 30, 31 & & 32.

jamais existé *. A Paris elle contrefait ou fait contrefaire la signature de ce même Banquier, pour

* V. ci-dessus, pages 39, 40, 41, 42, 43 & 44.

faciliter la négociation d'un faux mandat *. Sous les yeux de la Justice elle ose inventer une calomnie atroce, imputer à M. de Richelieu une paternité qui n'a jamais existé, ou qui seroit le crime d'un autre, & fabriquer une fausse lettre pour soutenir

* V. ci-dessus, pages 14, 15, 16, 17, 18, 19, 20, 21 & 22.

son imposture *. Ceux, que ses relations dénoncent comme ses confidens & ses complices, l'accusent eux-mêmes de faux. Bennavent soutient qu'elle lui a montré une lettre de M. de Richelieu, dont elle désavoue l'existence *. En un mot Madame de Saint-Vincent n'existe que pour des faux ; son ame en est nourrie, toutes ses actions, toutes ses paroles sont des faussetés prouvées ou même avouées. Elle a fait de ce talent funeste une étude criminelle & son occupation journaliere dans ces retraites, où elle ne devoit songer qu'à faire oublier les fautes qui l'y avoient conduite. On l'y a vu s'occuper à des expériences perfides, y contrefaire des lettres même de M. de Richelieu, & y exécuter un faux qui n'en feroit pas moins criminel, quand il n'auroit eu que l'objet qu'elle lui supposoit vis-à-vis des témoins qu'elle ne croyoit point dignes d'une plus entiere confidence (1). Et Madame de Saint-Vincent ose encore soutenir les regards de la Justice ! Elle se flatte encore de pouvoir intéresser le public ! Non. Les Magistrats ne pourront hésiter à reconnoître dans les titres qu'elle représente le même crime dont ils la trouvent dejà tant de fois convaincue, la même main qui a dejà produit tant de faux, les mêmes procédés qu'elle a tant de fois employés, & dont l'on apperçoit l'usage dans les promesses mêmes qu'elle faisoit au sieur de Vedel, & qui ne peuvent prouver que le projet dont elle s'occupoit dès-lors.

* V. ci-dessus,
pag. 82.

------

(1) La Dame de Saint-Vincent annonçoit qu'une des lettres de M. de Richelieu, qu'on lui voyoit contrefaire étoit destinée à l'excuser vis-à-vis du sieur de Vedel, auquel elle ne pouvoit point envoyer une somme de 12000 liv. qu'elle lui avoit annoncée sur la foi des promesses de M. de Richelieu.

Deuxieme Réflexion.

Madame de Saint-Vincent dira, fans doute, que les efpérances dont elle flattoit le fieur de Vedel, étoient fondées fur les promeffes mêmes de M. de Richelieu. Nous attaquerons bientôt ce fantôme ridicule, dont les faits ont dejà fait preffentir la fauffeté. Mais, que Madame de Saint-Vincent concilie donc fes propres lettres avec fon fyftême !

Pourquoi dans une de ces lettres la voit-on s'écrier : *J'ai un terrible pas à faire, je ne fçais comment je m'y prendrai.* Quel étoit donc *ce pas terrible ?* N'eft-il pas évident que Madame de Saint-Vincent ne pouvoit défigner, par cette expreffion, que le faux auquel elle étoit obligée de recourir pour réalifer les efpérances qu'elle avoit fait naitre dans le cœur du fieur de Vedel ? N'eft-il pas évident qu'elle avoit été enfin obligée de lui annoncer fes reffources, après avoir été convaincue par lui de fauffeté fur le fait des promeffes de M. de Richelieu ?

Comment Madame de Saint-Vincent pourra-t elle appliquer à fon fyftême ces paroles trop énergiques, que l'on a dejà vues dans une autre de ces lettres au fieur de Vedel ? « *Le mois prochain* nous ne ferons » pas dans ces peines....... *Huit jours après mon* » *arrivée tu auras de l'argent.* J'aurai fait le tour du » monde pour *l'attraper. Milhaud* d'abord, où j'ai » penfé l'avoir, Tarbes, Poitiers, Paris; c'étoit là » le terme de nos malheurs *dans les fecrets de nos* » *deftinées.*

» *deftinées*. Il y faut y venir à ce point, & on tourne
» long-tems avant de le connoître ». Comment Madame de Saint-Vincent a-t-elle pu dès Poitiers aſſurer le Major qu'il auroit de l'argent *huit jours après qu'elle feroit arrivée à Paris ?* De ſon aveu, elle n'avoit encore entre ſes mains aucun titre qui lui garantît l'effet des prétendues promeſſes de M. de Richelieu ; elle ne repréſente aucune lettre qui lui ait donné une époque préciſe de leur accompliſſement. Comment a-t-elle pu dire qu'elle avoit manqué avoir cet argent dès *Milhaud*, dès *Tarbes*, puiſqu'elle ne fixe elle - même l'époque des premieres promeſſes de M. de Richelieu qu'au tems de leur premiere entrevue, qui ne fut qu'en 1771, puiſque l'on ne voit pas un mot dans la fable qu'elle a compoſée, qui puiſſe concilier les termes de cette lettre avec les faits qu'elle annonce ? Elle ſeule pouvoit prédire quel feroit le terme de ſes malheurs, parce qu'elle ſeule avoit *le ſecret de ſes deſtinées*.

Que Madame de Saint-Vincent explique encore à la Juſtice le ſecret de cette troiſieme lettre, qui ſans cela ne pourra jamais préſenter que l'idée du projet le plus criminel. « Tenez, je vous envoie
» *du caraďere de cet homme* ; vous verrez qu'il parle
» du Maréchal, & que je le charge de toutes mes
» affaires à Paris........ *Confrontez les caraďeres*.
» Voyez que cet homme eſt un homme à M. le
» Maréchal, en qui j'ai la plus grande confiance &
» qui a ſoin de toutes mes affaires, & qui les fait
» toutes. Je vous envoie aſſez *pour confronter les*

» caractères. Il est inutile pour ce que je vous prouve,
» que j'envoie une lettre entiere ; je vous envoie
» deux lignes de la lettre du Maréchal, de ce Courier,
» Vous verrez la lettre dans le tems ».

Sommée d'expliquer cette lettre & d'indiquer quel est l'homme dont elle y parle, Madame de Saint-Vincent reste muette, & *ne se souvient de rien* [*].

[*] V. son second interrogatoire, art. 13.

[*] V. son second interrogatoire, art. 58.

Le sieur de Vedel est plus entreprenant, & *voici*, dit-il [*], *l'histoire que Madame de Saint-Vincent lui a faite à cet sujet* : » Un homme de la maison de M.
» de Richelieu, qui avoit toute sa confiance, vou-
» loit bien, à la recommandation de Madame de
» Saint-Vincent, le servir lorsqu'il auroit quelque
» grace à lui demander. Mais il ne vouloit pas être
» connu. S'il écrivoit, ce n'étoit que pour que
» Madame de Saint-Vincent (que lui Répondant ne
» vouloit pas croire) pût lui faire voir la vérité.
» Cet homme, qui ne vouloit pas être connu, ne
» devoit pas signer ses lettres lorsqu'il écriroit au
» Répondant. En conséquence Madame de Saint-
» Vincent lui envoya un morceau de lettre de cet
» homme, pour qu'il pût confronter celles qu'il
» devoit par la suite recevoir de ce particulier, &
» par-là en reconnoître les caracteres ; au surplus il
» n'a jamais reçu de lettres de cet homme ».

S'est-on flatté sérieusement de faire adopter de pareilles fables ? 1°. Comment la concilier avec cette derniere partie de la lettre ? *Je vous envoie assez pour confronter les caracteres. Il est inutile pour ce que je vous*

prouve, que je vous envoie une lettre entiere ; je vous en-
voie deux lignes de la lettre du Maréchal, de ce Courier.
Il est évident que ces dernieres phrases appliquent
la confrontation, qu'il s'agissoit de faire des caractéres
de cet homme, aux *deux lignes de M. le Maréchal.*
2°. Pourquoi Madame de S. Vincent avoit-elle oublié
ce mot de l'énigme que le sieur de Vedel prétend ne
tenir que d'elle-même ? 3°. Pourquoi hésite-t-on à
nommer *cet homme ?* pourquoi prenoit-il un cir-
cuit si ridicule pour obliger un Militaire qui, si on
l'en croyoit, auroit eu l'avantage d'être connu de
M. de Richelieu, & que Madame de Saint-Vincent
annonce comme un *tiers,* qui possédoit les secrets les
plus intéressans pour tous deux ?

En attendant que Madame de Saint-Vincent ré-
ponde à toutes ces questions, nous lui demanderons
encore quelle étoit cette proposition qu'elle a osé
faire au sieur Canron *, cette proposition qu'il pré-   * V. ci-dessus, page 84.
tend avoir rejettée avec horreur, *comme capable de*
le conduire à la corde. Qu'elle ne nous dise point avec
Canron que ce sont *des propos outrés* qui lui sont
échappés dans un moment de brouillerie. La Justice
lui a déja observé que de pareils propos, tenus dans
un tems non suspect, ne peuvent jamais être suscep-
tibles d'une interprétation mitigée. Canron ne la sert
pas mieux, lorsqu'il se réduit à dire qu'il s'agissoit
de signer un nom au bas d'une lettre. Tant que ni l'un ni
l'autre ne pourront point dire quel étoit ce nom, &
quel étoit l'objet de la lettre, la proposition laissera
toujours subsister l'idée du projet le plus atroce, &

d'un projet parfaitement analogue à celui qu'elle s'é-
toit proposé dès Poitiers, & qui, *dans le secret de
ses destinées*, ne devoit éclorre qu'à Paris, *huit jours
après son arrivée*.

TROISIEME RÉFLEXION.

Fausseté des billets.

Il n'est que trop certain que l'exécution a suivi le projet. Il suffit pour s'en convaincre d'examiner avec quelqu'attention la fable de Madame de Saint-Vincent sur l'objet particulier des billets qu'elle suppose avoir reçus de M. de Richelieu. C'est un tissu d'absurdités, de contradictions & de faussetés. C'est un édifice monstrueux qui s'écroule au moment même où la main veut le toucher pour en vérifier l'exis-tence.

Deux parties principales à distinguer dans cette fable.

D'un côté, les promesses de M. de Richelieu avec le principe qui les a produites: de l'autre, l'exé-cution qui a réalisé ces promesses.

I.

Le principe & les promesses.

Fausseté du principe.

On ne s'arrêtera point à combattre sérieusement Madame de Saint-Vincent, lorsqu'elle prétend don-ner pour principe aux libéralités de M. de Richelieu les dédommagemens qu'il lui devoit à raison des dé-penses qu'ont occasionné les changemens d'habitation qu'elle a elle-même defirés. Sa famille, qui a pourvu par-tout à fa fubfiftance, a dû pourvoir auffi aux frais de ces déplacemens, que M. de Richelieu n'a pas tous approuvés, & auxquels il n'a dû contribuer que de fon crédit. Quand il auroit cru devoir en ces occafions lui accorder quelques fecours modiques, une pareille caufe n'auroit jamais produit une libéralité de 425,000 liv. il ne falloit pas une fomme auffi confidérable pour acquitter des dépenfes qui n'ont point excédé 4 ou 5,000 liv.

Madame de Saint-Vincent a fenti elle-même toute l'abfurdité de cette premiere partie de fon fyftème. Un prétexte plus artificieux a pu fufpendre quelque tems l'opinion publique ; mais elle auroit dû prévoir encore l'infuffifance de ce nouveau prétexte.

La lettre que M. de Richelieu lui a écrite à Tarbes le 12 Avril 1771, & qui a été déja citée *, démontre qu'il n'entroit aucunes vues d'arrangement relatif à lui dans les tranfplantations de Milhaud à Tarbes, & de Tarbes à Poitiers. Peu de perfonnes auroient cru à cet *empreffement* romanefque, auquel Madame de Saint-Vincent ne donne pour principe qu'une fimple correfpondance par lettres. La foibleffe imaginaire dont elle fait un aveu indécent, & qu'elle place au moment de fa premiere entrevue avec M. de Richelieu, feroit encore une circonftance infuffifante pour donner quelque vraifemblance aux bienfaits immenfes dont elle n'auroit reçu alors que la promeffe.

De-là cette nouvelle fable par laquelle on a tenté

* V. ci-deffus, page 11, où cette lettre a été datée par erreur de 1772.

la crédulité publique (1); mais la fable & le titre odieux sur lequel on l'appuyoit sont rentrés dans le néant aussi-tôt que M. de Richelieu a sommé d'en soumettre les preuves à l'examen de la Justice.

C'est inutilement que Madame de Saint-Vincent a essayé de supposer qu'elle étoit au moins parvenue à persuader à M. de Richelieu une paternité qui n'a jamais existé, & qui auroit été inconciliable avec les dates, ainsi qu'on l'a déja démontré *. D'ailleurs le silence des lettres de M. de Richelieu prouve qu'il est impossible de lui supposer une opinion qui auroit nécessairement produit une multitude de détails non-équivoques. Enfin Madame de Saint-Vincent a été obligée d'avouer que le crime & l'erreur même n'ont jamais existé, & il ne lui est resté que la honte d'avoir voulu, par une noirceur impardonnable, légitimer le prix chimérique d'un crime imaginaire.

Si Madame de Saint-Vincent ne peut indiquer un principe apparent qui ait produit la libéralité, disons mieux, si ceux qu'elle a imaginés sont démontrés faux, elle ne peut plus se flatter de faire croire des promesses sans cause. Mais suivons-la dans toutes les parties de sa fable, & discutons les deux preuves qu'elle donne de ces prétendues promesses. Elle les tire, 1°. de sa correspondance avec le sieur de Vedel, 2°. des lettres mêmes de M. de Richelieu.

____

(1) La prétendue paternité & la lettre fabriquée pour la prouver.

Sa correspondance avec le Major, concertée ou non, ne feroit jamais une preuve contre M. de Richelieu. Les copies mêmes de *ses prétendues lettres*, qui font partie de ce recueil précieux, ne feroient pas un titre plus redoutable pour lui. Il pourroit se contenter de répondre, comme Madame de Saint-Vincent le fait elle-même sur un autre objet, *que ce sont des folies & des extravagances de l'imagination de Madame de Saint-Vincent, qu'elle écrivoit au Major pour se rendre intéressante & s'en faire aimer.*

Mais M. de Richelieu ne se borne point à des conjectures. Il a la preuve, il a l'aveu de Madame de Saint-Vincent. Elle convient avoir supposé, vis-à-vis du Major, une fausse correspondance avec le sieur Peixotto. * Elle convient avoir donné à cette imposture toute l'apparence d'une réalité. Elle a montré au Major les lettres qu'elle écrivoit au sieur Peixotto, & les réponses qu'elle faisoit faire par de prétendues pensionnaires du Couvent, qu'elle ne peut nommer. Elle lui a certifié ces titres dont elle est forcée de reconnoître la fausseté ; & elle voudroit que l'on crût cette même correspondance dans la partie qui contient les copies des prétendues lettres de M. de Richelieu. Lui a-t-il donc été plus difficile d'inventer ce second mensonge que le premier ? La même imagination, le même intérêt qui a pu produire une partie de la fable, n'ont-ils pas produit nécessairement la totalité ?

Il n'y auroit que les lettres originales de M. de Richelieu, qui pourroient autoriser une distinction aussi

* Voyez ci-après pages 31, 31, 32 & 33.

peu naturelle. On a démontré jufqu'à l'évidence , fur le premier genre de preuves, le faux matériel de ces lettres. Il s'agit ici de preuves morales. Voyons fi ce fecond genre de preuves ne dévoile pas auffi claire-ment la fauffeté de ces titres.

La même main qui a produit de fauffes lettres & une fauffe fignature du fieur Peixotto, n'a-t-elle pas dû produire les fauffes lettres de M. de Richelieu ? La même main qui s'occupoit dans Poitiers à contre-tirer des écritures à la vitre, à faire de fauffes lettres de M. de Richelieu, en prenant dans les véritables les phra-fes & les mots qui convenoient à fon fujet, n'a-t-elle pas évidemment produit les lettres qu'on repréfente comme celles qu'on ne repréfente point ?

Pourquoi ne retrouve-t-on point, au nombre des lettres qu'on a ofé mettre fous les yeux de la Juftice, les originaux de celles dont on trouve des copies en-tre les mains du Major, de ces lettres qui préfentent des faits infiniment plus intéreffans & plus détaillés, & dont la repréfentation feroit par conféquent bien plus importante ?

Si de ces obfervations générales on veut paffer à l'examen particulier des lettres repréfentées , leur feule forme , leur feul contexte en décele la fauffeté.

1°. Dans l'une de ces lettres , on lit : *Je crois que vous faites bien de vous adreffer à Sube pour terminer vos affaires.* * M. de Richelieu n'ignore plus que , dans tous les tems , Madame de Saint-Vincent a cherché à fe pratiquer des relations dans l'intérieur de fa mai-fon. Ses intrigues avec Canron en font une première

preuve.

* N°. 6 des pieces dépofées par M. Lafite.

preuve. La lettre , dont on a déjà parlé , qui annonçoit au fieur de Vedel l'envoi *du caractere* d'un homme qu'elle défignoit *comme étant à M. le Maréchal* , en fournit un fecond exemple. D'autres lettres, écrites par Madame de Saint-Vincent au Major , annonceroient encore des relations avec le fieur Sube alors Tréforier de M. de Richelieu. Mais , fans approfondir jufqu'où ont été portées ces relations que le fieur Sube nie , ou qu'il réduit à deux vifites de hafard. Il fuffit , pour prouver la fauffeté de cette première lettre , de fe fixer à une obfervation. Madame de Saint-Vincent s'accorde avec le fieur Sube , pour convenir que celui-ci n'a jamais connu les prétendues promeffes qu'elle fuppofe avoir reçues de M. de Richelieu. Il eft donc impoffible que M. de Richelieu lui ait écrit ce qu'on lit dans cette lettre.

2°. On a déjà obfervé que plufieurs de ces lettres contiennent des phrafes entieres , répétées dans diverfes lettres, & néanmoins dans les mêmes termes. Il y a même plufieurs de ces phrafes qui font tirees des lettres que M. de Richelieu n'a pas cru devoir défavouer. Il eft difficile de concevoir qu'une même fe répete mot pour mot , & par des phrafes entieres, dans des lettres écrites en différens tems. Mais ces fingularités s'accordent très-bien avec le procédé que Madame de Saint-Vincent employoit pour fes contrefactions, & qu'on a déjà développé.

30. Dans celle-ci *, M. de Richelieu écrit à Madame de Saint - Vincent : *J'ai donné des ordres pour qu'on vous rende votre mandat.* Et l'on ne voit rien

* V. pieces dépofées n°. 7.

dans la fable qui puisse expliquer cette énigme, dont le corps de la lettre ne peut indiquer le sens.

4°. Dans celle-là *, M. de Richelieu dit : *Je vous envoie votre mandat.* Et Madame de Saint - Vincent prétend avoir reçu les deux mandats de la main de M. de Richelieu.

> * Voy. pieces déposées, n° 9.

5°. Dans une de ces lettres *, le sieur de Vedel reçoit la commission de retirer 45,000 livres déposées chez un Procureur ; & l'on y a fait dire à M. de Richelieu, *qu'il a oublié le nom de ce Procureur.* On vouloit, sans doute, se soustraire à l'obligation de le nommer ; mais, si l'on en croit les propres lettres de Madame de Saint-Vincent, elle a connu depuis le nom de ce dépositaire, puisqu'elle a écrit au Major : « Si Peixotto ne vient pas, nous nous » ferons donner nos 45,000 liv. : repose là-dessus ». * Cependant elle n'a jamais pu nommer le Procureur. Pressée trop vivement sur cet article, elle répond *qu'elle n'en veut pas dire davantage, & qu'elle ne répondra qu'aux questions où on lui parlera des billets :* * comme si les promesses antécedentes n'avoient pas une relation nécessaire avec la question des billets, qui n'en doivent être que l'exécution.

> * Voy. pieces déposées, n° 13.
>
> * Voyez piec. faites chez la femme Leroy, par le Comm^r. de Graville, cotte 44, 3e liasse.
>
> * 2e interrog. art. 59 & 60.

6°. Le prétendu billet, qui accompagnoit les trois effets au porteur renvoyés le 14 Novembre 1773, recommande à Madame de Saint - Vincent *de n'en vendre aucun, & de n'en parler à personne ;* & cependant il en désigne un *pour payer les dettes* *.

> * V. pieces déposées, cotte 11.

7°. Ce même billet contient la destination ridicule d'une somme de 60,000 liv. au profit d'une personne désignée par l'expression *du tiers.* La même désignation fe trouve dans d'autres lettres; & quand il ne feroit point attefté par plufieurs des co-accufés, quand le fieur de Vedel ne feroit pas convenu, dans fes interrogatoires*, que c'étoit à lui que Madame de Saint-Vincent appliquoit cette qualification, il ne pourroit la contredire, puifque les copies des prétendues lettres de M. le Maréchal, qui fe trouvent entre fes mains, le défignent clairement par cette même dénomination, & le fuppofent dépofitaire d'un fecret important. Cependant Madame de Saint-Vincent & le fieur de Vedel n'ont jamais pu expliquer quelle pouvoit être cette confidence, que M. de Richelieu dénie, ainfi que toutes les relations qu'on fuppofe avoir exifté entre lui & le fieur de Vedel. Celui-ci eft même convenu expreffément dans fon fecond interrogatoire, art. 71, *qu'il n'a jamais eu de fecret ni verbalement, ni par écrit de M. le Maréchal, & que ce font des folies de Madame de Saint-Vincent.*

8o. Enfin, plufieurs de ces prétendues lettres ne font que des lambeaux & des morceaux découpés. Il n'eft pas étonnant qu'on en ait fi long-tems différé le dépôt. Il falloit trier ces ouvrages de l'impofture, & en féparer même les parties trop mal digérées, ou préparées pour quelqu'autre fable, que les circonftances poftérieures ont forcé d'abandonner.

Les copies des prétendues lettres de M. de Richelieu préfenteroient une foule de réflexions femblables. Mais ce feroit abufer des momens de la Juftice, que de combattre férieufement des titres qui ne peuvent mériter aucune foi, tant qu'on ne prouvera point

Q ij

* Voy. interr. art. 26, 27 & 28.

l'exiſtence des originaux. Contentons-nous de deux obſervations frappantes.

1°. Deux de ces lettres, ou copies de lettres, mettent dans la bouche de M. de Richelieu une reconnoiſſance de paternité ; & Madame de Saint-Vincent a formellement déclaré que M. de Richelieu ne lui avoit jamais rien écrit de ſemblable *. Il eſt même démontré qu'il n'a jamais pu adopter cette erreur. Ces copies ne peuvent donc être qu'une nouvelle impoſture, imaginée par Madame de Saint-Vincent pour tromper le Major, ſi elles ne ſont point le réſultat d'un projet infame concerté entr'eux.

2°. Deux prétendues lettres, qui forment encore partie de ce Recueil, font annoncer à M. de Richelieu qu'il enverra le mandat par *cet homme* ; & il n'y a rien dans la fable de Madame de Saint-Vincent qui ſuppoſe un tiers pour l'envoi des mandats. Ces billets, qui ſuppoſent qu'elle n'avoit point encore reçu les mandats, ſont datés *des* 12 & 16 *Octobre* 1773 ; cependant elle prétend elle-même avoir reçu les deux mandats dès le mois d'Avril : elle les a fait voir à la Dame de Saint-Jean dès le mois de Juin. Il n'eſt pas étonnant qu'on n'oſe point faire paroître des originaux qui, tout faux qu'ils ſont, ne s'accorderoient plus avec les dates, que des réflexions poſtérieures ont forcé de choiſir.

C'eſt donc inutilement que Madame de Saint-Vincent, pour prouver des promeſſes auxquelles il lui eſt impoſſible de donner un motif apparent, invoque des copies dont les originaux ne paroiſſent point ;

Voyez ci-deſſ. pag. 19.

& des lettres prétendu originales dont la fausseté est démontrée.

I I.

L'Exécution.

Des promesses constatées, une cause vraisemblable indiquée ne suffiroient pas, sans doute, pour prouver l'exécution de la libéralité. Mais la fausseté du principe & des promesses une fois démontrée, détruit la fable de l'exécution. La moitié de l'édifice renversée entraîne nécessairement la chûte de l'autre. Madame de Saint-Vincent, convaincue d'avoir supposé un faux principe & de fausses promesses, est d'avance convaincue d'avoir fabriqué des billets qui n'ont pas pu exister sans cause.

Mais ne craignons point d'attaquer cette seconde partie de son Roman : après y avoir jetté un coup d'œil général, défassemblons les pieces qui la composent, & discutons successivement, 1°. l'histoire des deux mandats; 2°. celle de leur conversion en trois billets au porteur, l'un de 300,000 liv. & les deux autres de 60000 liv. chacun. 3°. Enfin le prétendu échange que Madame de Saint-Vincent suppose encore du billet de 300,000 liv. contre dix autres, destinés à en diviser le payement par des échéances différentes.

QUEL enchaînement inconcevable de titres qui, dans le syftême de Madame de Saint-Vincent, se succédent le plus souvent sans cause, & qui se remplacent sans se détruire ! La complaisance inépuisable de

Coup d'œil général.

M. de Richelieu, lui auroit-elle fait foufcrire, pour le même objet, quinze titres différens ? Il connoiſſoit *la légereté de la tête* de Madame de Saint-Vincent, & l'on veut ſuppoſer qu'il ſe ſoit livré à ſa diſcrétion, en lui remettant ſans ceſſe de nouveaux titres ſans retirer les premiers, de maniere qu'il auroit laiſſé exiſter pour 1,300,000 livres d'obligations, lorſqu'il n'auroit eu intention que de donner 420,000 liv.

Un premier titre, conçu dans une forme ridicule, ne peut être que l'ouvrage d'une femme peu inſtruite de la formule des titres obligatoires (1).

Si M. de Richelieu n'avoit imaginé cette forme captieuſe de donner ſans s'obliger, que dans l'intention de ne jamais payer, comment Madame de Saint-Vincent a-t-elle pu lui arracher un ſecond titre plus ſolide !

Si l'impuiſſance d'acquitter ce ſecond en ſuſpendoit l'exécution, qu'étoit-il beſoin d'en ſubſtituer un troiſieme ? M. de Richelieu n'étoit point dégagé par le défaut de paiement. Il n'avoit point à redouter l'impatience, ou les mauvais procédés, d'une femme qui, ſuvant elle-même, ne faiſoit aucune difficulté de ſe prêter à tous les arrangemens qui pouvoient convenir à ſon bienfaiteur.

Comment M. de Richelieu, que l'impuiſſance de payer conduiſoit à cette converſion, a-t-il pu ajou-

---

(1) *Nota.* On ſe rappelle que la forme étoit : « Je prie le ſieur *Peſchot* » (au lieu de *Peixotto*) de donner à Madame de Saint-Vincent les » 300900 liv. *qui lui appartiennent,* & dont je le tiendrai quitte ».

ter au premier titre une libéralité de 120,000 liv. qui ne lui étoit point demandée ?

Quelle nouvelle inconstance substitue encore dix billets à la place de celui de 300000 liv. ? C'étoit, dit-on, pour faciliter le paiement de ce dernier, en le divisant & en donnant aux paiemens morcelés des échéances différentes & plus longues. Mais Madame de Saint-Vincent n'étoit-elle point la maîtresse de ne recevoir que des à-comptes, & dans les tems qui pouvoient convenir à M. de Richelieu ? Il ne s'agissoit point de la mettre à portée de s'aider du premier titre en attendant l'échéance, puisqu'elle avoit, selon elle-même, pris l'engagement de n'en point faire usage. Cette nouvelle opération n'auroit donc pu avoir aucun objet.

Comment Madame de Saint-Vincent, après avoir reçu une libéralité de 425,000 liv. qui ne pourroit plus être que l'indemnité de ses voyages, ou un supplément ajouté à l'insuffisance des secours de sa famille, a-t-elle pu espérer, ou même desirer, un nouveau bienfait ? La main de M. de Richelieu, fatiguée de tant d'actes de complaisance, a-t-elle pu signer encore la promesse d'une nouvelle libéralité de 80,000 liv. ainsi que le suppose la lettre que Benna-vent soutient avoir vue entre les mains de Madame de Saint-Vincent * ?

Enfin, quel aveuglement, quelle confiance incroyable a pu faire souscrire à M. de Richelieu ces échanges multipliés, sans retirer les titres échangés ? On voit sans cesse sortir de sa main de nouveaux ti-

* V. ci-dessus, page 52.

tres, & l'on n'y voit jamais rentrer ceux qu'ils remplacent. Il eſt impoſſible qu'elle ait oſé repréſenter à M. de Richelieu le mandat ſur lequel elle avoit ſuppoſé une fauſſe acceptation, lorſqu'elle prétend en avoir demandé l'échange contre un billet ſouſcrit; & il ſeroit certain, dans ſon propre ſyſtême, qu'elle n'auroit point remis le billet au porteur, qu'elle ſuppoſe avoir été remplacé par dix autres billets. Elle avoit affirmé, dans un premier interrogatoire, avoir déchiré ce billet de 300,000 liv. lors de l'échange, & en avoir jetté les morceaux dans la cheminée de M. de Richelieu. Mais ce billet a été préſenté à la négociation depuis l'époque que Madame de Saint-Vincent a donnée à ſa ſuppreſſion : il étoit encore entre ſes mains, lorſqu'elle a été conduite à la Baſtille. Des perſonnes, dont le témoignage ne peut être ſuſpect, l'ont vu alors*. L'Abbé de Tranſe lui-même déclare l'avoir vu entre ſes mains, un mois après l'époque la plus réculée qu'elle puiſſe donner à l'échange. Auſſi eſt-elle forcée, dans ſon ſecond interrogatoire, de retracter ce qu'elle avoit d'abord affirmé. *Il eſt poſſible*, dit-elle, *qu'elle ſe ſoit trompée ſur ce fait.* Mais eſt-il poſſible de croire que M. de Richelieu ait oublié pendant quatre mois de lui retirer un billet de 300,000 liv. dont il lui avoit fourni la valeur, & qu'elle ait oublié de le lui remettre ?

AVANÇONS, & de ce premier coup d'œil paſſons à un examen plus particulier des trois opérations qui forment le ſyſtême général.

I.

* M. de Sartine, le ſieur de Jumilhac.

I. Les deux mandats font la fource & l'origine de Première...
tous les titres fubféquens ; mais le faux, qui a donné
l'être à ces mandats, eft démontré.

1º. Madame de Saint-Vincent fixe au 17 ou 25
Avril, le jour où elle a reçu le premier mandat. Elle
avoit auffi, lors de fon premier interrogatoire, placé
dans le même mois la remife du deuxieme mandat.
Cela étoit impoffible, puifque la demande qu'elle en
fit à M. de Richelieu fut la fuite d'une confultation
que lui donna au Luxembourg un Avocat rayé du
tableau, que le fieur Vedel avoit appellé à fon confeil * ; & puifque cet Avocat donne lui-même pour
époque à fon avis, *la fin de Juin ou le commencement de
Juillet*, ce fut auffi dans le mois de *Juin*, que la Dame
de Saint Jean, fans être Jurifconfulte, fit la même réflexion fur la formule ridicule du premier mandat
qu'elle s'étoit fi mal-adroitement fabriqué.

Madame de Saint-Vincent a changé d'époque dans
fon fecond interrogatoire. Mais elle n'avoit pas bien
faifi l'objeſtion que lui avoit fait l'Avocat lors de
fa vifite au Sᵉ de Vedel dans les prifons. Elle dit qu'elle
a reçu le deuxieme mandat *en Mai ou commencement
de Juin* : & l'Avocat place la confultation fur le premier mandat en *fin de Juin ou commencement de Juillet*.

2º. Que Madame de Saint-Vincent ait eu en Avril,
Mai, Juin ou Juillet les mandats entre fes mains, il
eft certain, de fon propre aveu, que le fieur Peixotto
s'eft trouvé à Paris depuis le moment où elle poffédoit
ces titres précieux. Cependant elle ne les lui a point

préfentés. Elle ne lui a écrit que pour lui demander un emprunt de cinquante louis, & fur le refus inconcevable qu'elle a éprouvé, elle n'a pas même ofé lui préfenter fon titre pour l'engager au moins à lui fournir comme une avance, & moyennent un efcompte, ce qu'il lui refufoit à titre de prêt.

Mais voici un dernier trait, qui ruine fans reffource cette partie du fyftême. Madame de Saint-Vincent n'a jamais préfenté les mandats au fieur Peixotto, & cependant ils fe trouvent revêtus de fa fignature & de fon acceptation; cependant ils ont été mis fous cette forme en négociation. On a vu les preuves de ce faux, on a vu l'aveu que Madame de Saint-Vincent a été forcée d'en faire. C'eft inutilement qu'elle a voulu qualifier de *barbouillage*, de *plaifanterie*, *d'effai de confiance*, une opération dont il eft prouvé que l'objet étoit de faciliter la négociation qu'elle a effayé d'en faire *.

La conféquence eft facile à tirer. On ne hafarde point fur un titre férieux, fur un titre de *cent mille écus* une fauffe acceptation qui l'anéantiroit. La fauffe acceptation eft une preuve invincible de la fauffeté même du titre. La fauffeté de la fignature du fieur Peixotto, ne laiffe aucun doute fur la fauffeté de la fignature de M. de Richelieu.

Si les mandats étoient un faux, tous les titres qui leur ont fuccédé, ceux qui ont difparu, comme ceux qui exiftent encore, font néceffairement faux; ils ne peuvent être, dans le propre fyftême de Madame de Saint-Vincent, que la valeur repréfentative

* V. ci-deffus, Pages 39, 40, 41, 42, 43 & 44.

des premiers. Or M. de Richelieu ne peut pas avoir donné la valeur d'un titre qui n'a jamais exiſté. Il n'a pu fournir des titres véritables en échange d'un premier dont il n'a pas même pu ſoupçonner l'exiſtence ; ſa preuve n'en ſeroit pas moins complette, quand elle ſe borneroit à la fauſſeté du titre, qui eſt le germe de tous les autres ; mais il n'eſt pas un ſeul de tous ces nouveaux titres dont la fauſſeté ne ſe manifeſte par des preuves particulieres.

II. Le billet au porteur de 300,000 liv. les deux billets de 60,000 liv. qui l'accompagnoient, font un nouveau crime auſſi facile à démontrer que le premier.

Il eſt évident que c'eſt l'aventure du mandat qui a forcé de ſubſtituer un autre titre à celui que l'eſſai de la négociation avoit décrédité.

Madame de Saint-Vincent donne pour principe à cette nouvelle opération l'impuiſſance où ſe trouvoit M. de Richelieu de payer le mandat à ſon échéance. Comment, encore une fois, a-t-il pu y ajouter une nouvelle libéralité de 120,000 liv. qui ne lui étoit point demandée ?

Mais voici une preuve plus directe de la fauſſeté de la cauſe, & du titre qu'on en veut faire réſulter. Le terme du mandat étoit, ſuivant Madame de Saint-Vincent elle-même, échu en Septembre ou Octobre, & la converſion s'eſt faite le 14 Novembre. C'eſt donc dans la fin d'Octobre ou commencement de Novembre qu'elle a dû propoſer ou ſolliciter cette opération. Cependant il exiſte d'elle une lettre qui,

distraire pour un objet qui ne préfentoit rien d'urgent, & qu'il auroit pu remettre fans inconvénient à un autre moment. Malheureufement les acteurs s'étoient trop bien concertés fur l'époque, & n'avoient point affez connu les faits qui devoient dévoiler leur impofture; ils fe font trahis par les précautions même qu'ils avoient prifes pour furprendre la Juftice.

III. L'IMPRUDENCE eft prefque toujours la compagne du crime. Combien d'autres preuves n'a-t-elle point ajoutées à celles que l'on vient d'expofer ?

1º. Les dix billets, qui ne devroient être que l'échange d'un effet de 300,000 liv. fourniffent cependant une fomme de 305,000 liv. Madame de Saint-Vincent, en les forgeant, n'avoit pas prévu la fable qu'elle feroit forcée un jour d'imaginer.

2º. Par quelle fatalité n'a-t-elle pas pu fe fouvenir, lors de fon interrogatoire, du nombre de ces billets ? Pourquoi ce nombre qui étoit de 6, 7, 8 ou 9, ne s'eft-il trouvé enfin fixé à dix qu'après le dépôt fur lequel l'Abbé de Villeneuve a tant héfité ?

3º. Voici une circonftance fur laquelle Madame de Saint-Vincent a cru pouvoir s'expliquer affirmativement : elle mérite par conféquent une attention plus particuliere. Ce qu'*elle fait bien*, dit-elle, c'eft qu'elle a reçu *elle-même*, *de la main de M. de Riche-lieu*, les dix billets en queftion, *& que c'étoit à la fin*

ne les mains de M. de Richelieu ; mais comment n'a-
t-elle point apperçu le défilé dangereux dans lequel
elle s'engageoit lorsque, pour garantir la vérité de
ses allégations, elle a eu l'imprudence de circonstan-
cier des détails qui en prouvent la fausseté ?

On a déja observé que les domestiques de M. de
Richelieu avoient quitté l'habit d'été dès la fin d'Octobre 1773. Madame de Saint-Vincent se trahit donc
elle - même, lorsque, pour prouver que le paquet
étoit porté par un domestique de M. de Richelieu,
elle articule que le porteur avoit pour vêtement *un
habit rouge galonné en argent.* Aussi l'Abbé Froment
déclare-t-il prudemment *qu'il ne peut plus dire quel
étoit le vêtement de cet émissaire aposté* *.

Elle a osé nommer le domestique duquel elle prétend avoir reçu le paquet ; il a été entendu, & vrai-
semblablement n'aura point attesté ce message. Aussi
l'Abbé Froment se dispense-t-il de l'obligation de le
reconnoître *.

Enfin tous les acteurs de la scene s'accordent à
donner au message l'époque du *quatorze Novembre*
ou *d'un dimanche* entre le 11 & le 15, qui ramene à
l'époque du *quatorze*; ils s'accordent à dire que le
paquet n'a été porté à l'Hôtel que la veille. Or il est
certain que M. de Richelieu n'étoit point à Paris ni
le treize ni *le quatorze*, & il est impossible qu'il ait
signé à Fontainebleau des billets qui n'ont pas pu
y parvenir & en revenir du 13 au 14 matin,
dans une circonstance sur - tout où la multitude
de ses occupations ne lui auroit pas permis de se

* V. son inter-
rogatoire, art. 3.

* Ibid

distraire pour un objet qui ne préſentoit rien d'urgent, & qu'il auroit pu remettre ſans inconvénient à un autre moment. Malheureuſement les acteurs s'étoient trop bien concertés ſur l'époque, & n'avoient point aſſez connu les faits qui devoient dévoiler leur impoſture; ils ſe ſont trahis par les précautions même qu'ils avoient priſes pour ſurprendre la Juſtice.

III. L'IMPRUDENCE eſt preſque toujours la compagne du crime. Combien d'autres preuves n'a-t-elle point ajoutées à celles que l'on vient d'expoſer ?

1º. Les dix billets, qui ne devroient être que l'échange d'un effet de 300,000 liv. fourniſſent cependant une ſomme de 305,000 liv. Madame de Saint-Vincent, en les forgeant, n'avoit pas prévu la fable qu'elle feroit forcée un jour d'imaginer.

2º. Par quelle fatalité n'a-t-elle pas pu ſe ſouvenir, lors de ſon interrogatoire, du nombre de ces billets? Pourquoi ce nombre qui étoit de 6, 7, 8 ou 9, ne s'eſt-il trouvé enfin fixé à dix qu'après le dépôt ſur lequel l'Abbé de Villeneuve a tant héſité ?

3º. Voici une circonſtance ſur laquelle Madame de Saint-Vincent a cru pouvoir s'expliquer affirmativement : elle mérite par conſéquent une attention plus particuliere. Ce qu'*elle fait bien*, dit-elle, c'eſt qu'elle a reçu *elle-même, de la main de M. de Richelieu, les dix billets* en queſtion, *& que c'étoit à la fin*

de Février, ou au commencement de Mars 1774 *. Le ·* Prem. Interr.
art. 35.
fieur de Vedel s'accorde avec elle fur cette époque
donnée à l'échange du billet au porteur contre les
dix billets par lefquels on le fait aujourd'hui repréfenter.

On ne peut s'empêcher de demander encore une
feconde fois à Madame de Saint-Vincent, comment
il eft poffible que le billet au porteur de 300,000 livres foit refté en fa poffeffion ? Si elle a reçu elle-
même, *& de la main de M. de Richelieu*, les dix billets qu'il confentoit de donner en échange du premier, elle a dû lui remettre au même inftant le titre
échangé. M. de Richelieu a dû le lui demander.
Rien n'a pu furfeoir la fuppreffion d'un titre fi important.

Mais voici une feconde queftion qui n'eft pas
moins embarraffante pour Madame de Saint-Vincent.
C'eft, dit-elle, *à la fin de Février, ou commencement
de Mars* 1774, que s'eft opéré cet échange fingulier, où elle a reçu dix billets nouveaux fans rendre
le premier. Pourquoi donc parmi ces deux billets en
trouve - t - on deux datés *des 4 Avril & 8 Mai*
1774 (1) ?

Quoiqu'elle eût déclaré, dans fon premier interrogatoire, être très-certaine de cette époque, elle a
voulu, dans fon fecond interrogatoire, la reculer au
mois d'*Avril ;* mais cela ne réfoud point encore la

---

(1) On fait que c'étoit la fur-veille de la mort du Roi, dont M. de
Richelieu ne quittoit point la chambre. Madame de Saint-Vincent n'eft
point heureufe dans le choix de fes époques.

difficulté, puisqu’il resteroit toujours un billet qui por-
teroit une date postérieure d’un mois à celle de l’o-
pération.

Il est impossible d’imputer cette date à M. de Richelieu; car on convient que le corps des billets, &
même les dates, ne font point de sa main : on ne lui
en attribue que la signature, qu’il dénie.

Madame de Saint - Vincent prétend que cette
date, inconciliable avec ses allégations, ne doit être
regardée que comme l’effet d’une inadvertance très-
indifférente : Elle avoit, dit-elle, chargé des Ecrivains
de lui faire le corps des billets, & de leur donner des
échéances & des dates différentes : le hasard leur a
fait prendre deux dates postérieures.

Quelle dérision ! Les deux billets en question forment ensemble un capital de 55,000 livres. C’étoit
certainement des titres assez sérieux pour fixer l’attention de Madame de Saint - Vincent. Personne ne
croira qu’elle leur ait donné par inadvertance une
date qui pouvoit être de la plus grande conséquence,
puisqu’elle auroit suffi pour anéantir le titre si la mort
avoit frappé M. de Richelieu avant l’époque que la
date donnoit à sa signature : la Parque aveugle ne dis-
tingue point les âges. L’événement pouvoit être plus
à craindre vis-à-vis de M. de Richelieu. Personne,
encore un coup, ne croira que Madame de Saint-
Vincent ait eu l’imprudence de s’exposer à un pareil
inconvénient.

On dit *Madame de Saint-Vincent*, parce qu’il est
évident que les prétendus Ecrivains auxquels elle dit

avoir

avoir confié le foin de former ces billets, ont dû en combiner avec elle les échéances & les dates, & n'ont pu être que les copiftes des projets qui leur étoient fournis. Mais, quand on adopteroit encore cette partie du fyftême de Madame de Saint-Vincent, quand on fuppoferoit que le foin de combiner les dates & les échéances auroit été abandonné aux Ecrivains, l'objeftion que nous lui faifons n'en feroit que plus forte. Jamais un Ecrivain quelconque ne fe feroit avifé de donner à un titre obligatoire une date poftérieure à celle du jour où il le rédigeoit, encore moins une date poftérieure de plufieurs mois.

Le feul bon fens ne permet donc pas de fuppofer que les billets aient été formés avant l'époque qui réfulte de leur date. Si l'on pouvoit ajouter une foi entiere aux déclarations qu'a faites le Sr Abbé de Tranfe, on y trouveroit en effet la preuve que ce billet, & même tous les autres, n'ont été écrits que le 8 Mai.

Le fieur Abbé de Tranfe a fuppofé, dans fon interrogatoire *, que Madame de Saint-Vincent lui avoit parlé du billet au porteur de 300,000 livres qu'elle avoit reçu de M. de Richelieu, & du projet qu'elle avoit de le faire couper en plufieurs billets de différentes échéances. Il ajoute que, pour remplir cet objet, il avoit écrit les projets de tous les billets qui devoient former l'échange; qu'il n'en reconnoît néanmoins que deux; ce qui lui fait préfumer que Madame de Saint-Vincent, à qui les échéances que portoient fes projets ne convenoient point, en avoit fait

*V. fon interr. art. 2, 4 & 7.

refaire huit, & n'avoit employé que deux de ceux qu'il avoit écrits. Or quelle eft l'époque que le fieur de Tranfe donne à fon opération? *C'eft*, dit-il, *dans le courant d'Avril, ou commencement de Mai*. Il répete encore qu'il a vu, à cette époque, entre les mains de Madame de Saint-Vincent, le billet de 300,000 livres qu'il s'agiffoit d'échanger.

Malgré l'efpece d'incertitude que l'Abbé de Tranfe laiffe fubfifter fur l'époque qu'il donne à fon opération, il n'eft pas poffible d'héfiter fur le choix. La date de fon opération fixe celle des Ecrivains par lefquels il fuppofe que Madame de Saint-Vincent a fait refaire huit des dix billets qu'il avoit écrits lui-même. Cette opération, qui a fuivi la fienne, ne peut pas être de beaucoup poftérieure. La date *du commencement de Mai* étant celle des deux préfentées par l'Abbé de Tranfe qui quadre mieux avec la date *du huit Mai* que porte l'un des billets formés dans la feconde opération, il eft évident que c'eft la feule à laquelle on peut donner la préférence.

Il doit donc demeurer pour conftant que le billet qui porte la date *du huit Mai* n'a été formé qu'à cette époque. Ce fait s'établit par deux fortes de preuves: 1°. il eft impoffible de fuppofer raifonnablement qu'on ait donné au titre une date poftérieure à celle du jour où il auroit été figné: 2°. la date, que porte ce dernier billet, s'accordant plus naturellement avec la feconde des deux époques à laquelle l'Abbé de Tranfe applique la propofition qui lui a

été faite, détermine le choix entre les deux, & re-
cule néceffairement jufques *au commencement de Mai*
le fait de l'échange que Madame de Saint-Vincent
fuppofe.

Ces faits pofés, voyons comment Madame de
Saint-Vincent pourra échapper aux conféquences
qui en réfultent, & qui prouvent la fauffeté de fon
fyftême.

Si elle tentoit aujourd'hui de reculer jufqu'*au
commencement de Mai* l'époque de cet échange qu'elle
avoit d'abord fixé d'une maniere certaine en *Février*, ou *Mars*, & qu'elle a néanmoins reporté enfuite *en Avril*, ce feroit une troifieme variation de fa
part, qui feroit peu propre à infpirer la confiance.
Mais elle s'en gardera bien : elle ne peut ignorer que
dès le mois d'*Avril*, & même *dès les premiers jours*
de ce mois, elle a préfenté à la négociation des billets de 20, 25, 30, 40, 50 mille livres ; c'eft-à-dire,
les mêmes billets qu'elle ne pouvoit avoir reçus qu'en
échange de celui de 300,000 livres. Elle doit prévoir que les informations auront conftaté ce fait important. Il lui feroit donc impoffible de reculer *en
Mai* un échange inconciliable avec le fait de la négociation commencée un mois avant.

Elle ne peut pas même s'arrêter à la feconde époque du mois d'Avril, puifqu'une négociation commencée *dès les premiers jours* de ce mois, fuppoferoit l'échange fait au moins en fin *de Mars*.

Mais elle ne peut plus même adopter les époques
de Février, ou *Mars*, ni celle d'*Avril*, parce que les

deux premieres ſe trouvent inconciliables avec les dates des *quatre Avril & huit Mai*, que portent deux des billets, parce que la troiſieme ſeroit inconciliable avec la date du ſecond de ces billets ; enfin, parce que toutes trois ſeroient inconciliables avec la déclaration du ſieur Abbé de Tranſe, qui reporte le prétendu projet d'échange au commencement de Mai.

Quelque étendue que l'on donne à cette déclaration, elle ne s'accordera jamais avec le ſyſtême de Madame de Saint-Vincent. Elle a pu, ſans doute, dans ce ſyſtême, faire écrire les projets de billets deſtinés à l'échange en différens tems. Mais l'échange de ces billets avec celui de 300,000 liv. auroit été une opération néceſſairement indiviſible. Elle n'auroit pu être conſommée vis-à-vis de M. de Richelieu qu'en une fois, & le même jour. Dès lors il ſera toujours impoſſible de faire quadrer le fait de cet échange, 1º. avec celui de la négociation prouvée dès *les premiers jours d'Avril*; 2º. avec la déclaration de l'Abbé de Tranſe. Cette déclaration, priſe dans le ſens le plus étendu, ne donne que le choix entre *fin d'Avril, ou commencement de Mai*. C'eſt la plus forte extenſion que l'on puiſſe donner à cette expreſſion, *dans le courant d'Avril ou commencement de Mai*. Si l'échange n'étoit point encore fait en *fin d'Avril*, ou *commencement de Mai*, il eſt impoſſible que les billets qui ont été négociés *dès les premiers jours d'Avril* ſoient le prix de cet échange. Cependant ils ne peuvent avoir que cette ſource dans le ſyſtême de Madame de Saint-Vincent. Donc ce ſyſtême eſt évidemment faux.

Mais quelle eſt donc la vérité qu'il faut ſubſtituer à cette fable? Il n'eſt pas difficile de la ſaiſir. Les billets n'ont point eu pour objet un échange chimérique. Ils n'ont point été faits en même tems. Madame de Saint-Vincent les a fabriqués à diverſes époques, ſelon que ſa cupidité l'y portoit. C'eſt par cette raiſon qu'ils ont des dates différentes, & que pluſieurs en ont de poſtérieures à toutes les époques qu'elle ſeroit forcée de donner au prétendu échange. C'eſt par cette raiſon que les billets ne quadrent point avec la ſomme du prétendu billet échangé; c'eſt par cette raiſon que le billet de 300,000 livres s'eſt trouvé encore entre les mains de Madame de Saint-Vincent long-tems après le prétendu échange. Si elle avoit réellement propoſé dans le courant d'Avril ou commencement de Mai au ſieur Tranſe de lui faire les billets qu'il dit avoir écrits dans l'objet de cet échange, ce ſeroit une impoſture dont elle l'auroit abuſé. Mais il y a tout lieu de croire que le ſieur de Tranſe a voulu la ſervir en avançant un fait qui n'a aucune vraiſemblance. Il n'a point écrit d'autres billets que ceux qu'il a reconnus pour être de ſon écriture. Aucune raiſon ne pouvoit porter Madame de Saint-Vincent à emprunter, pour la réformation des échéances, une autre main que celle du ſieur Abbé de Tranſe qui étoit déja dépoſitaire de ſon ſecret. C'eſt ici une déclaration mendiée, mais, heureuſement pour le triomphe de la vérité, trop mal combinée, ou c'eſt un plan déconcerté par l'infidélité de la mémoire de celui qui a fait la déclaration ſuggérée.

Il feroit inutile d'ajouter de nouvelles preuves à celles que l'on vient d'expofer. Mais on ne doit rien négliger pour l'inftruction de la Juftice. Deux obfervations vont achever de démontrer la fauffeté de cette derniere partie du fyftème de Madame de Saint-Vincent.

1°. Selon elle, la converfion du billet de 300,000 livres n'auroit eu pour objet que de faciliter à M. de Richelieu les moyens d'acquitter fon premier engagement. C'étoit donc avec lui qu'il falloit concerter & les échéances & les fommes qu'il devoit s'engager de payer à chacune de ces échéances. Cependant il faudroit fuppofer que Madame de Saint-Vincent auroit feule combiné arbitrairement & les divifions des fommes & les époques des paiemens ; elle les auroit dictées à fes Ecrivains ; elle les auroit réformées à fon gré, & M. de Richelieu auroit foufcrit à tout.

2°. Quels font donc les Ecrivains dont Madame de Saint-Vincent a employé le miniftere ? Nous connoiffons l'Abbé de Tranfe pour en avoir écrit deux. Mais par qui les huit autres ont-ils été faits ? On a fouvent interrogé Madame de Saint-Vincent fur cet article, & la Juftice n'a jamais pu pénétrer ce myftere. Ce font, dit elle, des Ecrivains *publics*. Il femble qu'un feul auroit fuffi pour l'opération. Mais fi l'on a employé *plufieurs* Ecrivains, il doit être plus facile d'en indiquer quelques-uns.

Il n'eft point indifférent pour la Juftice de les connoître & de les entendre. On faura par eux dans quels tems ils ont écrit les billets, s'ils les ont faits en même tems, ou à des époques différentes, les motifs qu'on leur a donnés de cette opération.

Madame de Saint-Vincent & le fieur de Vedel fentent tout le danger de ces éclairciffemens : ils acheveroient de détruire la fable de l'échange. Tous deux reftent muets. Ils ne peuvent indiquer un feul de ces Ecrivains, ni les places où on les a été chercher, ni les perfonnes qui ont été les chercher, ou qui leur ont porté les modeles à copier, ni ce qui leur a été donné pour leur falaire. Tout eft échappé de leur mémoire. Le fieur de Vedel lui-même, qui déclare *avoir fait écrire les billets,* n'eft pas plus inftruit, & lorfqu'on lui demande *pourquoi il a emprunté le fecours d'Ecrivains publics* pour une opération qui devoit lui paroître fi innocente, il répond qu'il faut demander à Madame de Saint-Vincent *pourquoi elle ne l'a pas prié d'écrire lui-même* *.

Mais c'eft inutilement que Madame de Saint-Vincent effaie, par des réticences criminelles, de dérober à la Juftice de nouvelles preuves d'un crime déformais trop évident. La vérité perce de toutes parts. Les libéralités de M. de Richelieu n'ont plus de principe apparent, ou plutôt il a démontré la fauffeté de tous ceux qu'on avoit voulu indiquer. Ses promeffes difparoiffent néceffairement avec leur faux principe, & rentrent dans la foule des autres impoftures que renferme la correfpondance de Madame de Saint-Vincent & du Major. Il n'exifte plus de cette premiere partie du Roman que la réalité des promeffes faites par Madame de Saint-Vincent au

* V. Premier interrogatoire de Madame de S. Vincent, art. 37, 38, 39; fecond interrog. art. 4,5,6 ; & le deuxieme interrog. du fieur Vedel, art. 4, 5, 6 & 7.

fieur de Vedel, *& le fecret de fes deſtinées.*

La cauſe de la libéralité & les prétendues promeſſes étant anéanties, c'en feroit aſſez pour faire tomber le don, qui n'en pourroit être que la conféquence: mais d'ailleurs les titres dont on fe fert pour le prouver, font marqués au coin de la fauſſeté la plus frappante. Le premier eſt détruit par une fauſſe acceptation, qui ne permet pas d'y reconnoître un titre férieux. Un titre faux n'a pas pu produire des échanges réels. Auſſi tout ce qui fort de cette baſe chimérique fe trouve-t-il démenti par des faits certains, ou n'eſt-il foutenu que par des variations & des contradictions, ou par des réticences plus fuſpeĉtes encore.

I Ve *Réflexion.*

Conduite de Madame de Saint-Vincent, depuis l'époque où elle prétend avoir reçu les billets.

Quand on a connu la valeur des titres de Madame de Saint-Vincent , on n'eſt plus étonné de l'uſage qu'elle en a fait, ni de fa conduite depuis le moment où fon crime a été découvert.

I. La démarche qui a été faite vis-à-vis du Notaire de M. de Richelieu devoit être une fuite de la méfiance qu'inſpiroit le mauvais fuccès de la fauſſe acceptation *Peixotto* *. Il étoit prudent de fonder ce qu'on pouvoit fe promettre d'un fecond faux exécuté avec plus de précaution.

* V. ci deſſus, pages 53 & 54.

Quelque confiance que dût inſpirer la furpriſe faite au Notaire , il eût été dangereux de fe rendre trop difficile dans la négociation de pareils effets. 140,000 livres

livres font livrés pour 70,000 l. *. On accepte tous les prix que la crédulité ou l'ardeur du gain veulent bien rifquer. Ce n'eft point le befoin qui force de foufcrire à ces marchés ufuraires, & de manquer à la prétendue parole donnée à M. de Richelieu de ne point négocier. 43,000 livres extorqués en Novembre 1773 n'empèchent point de faire en Mai & Juin une feconde opération plus odieufe encore : mais, malgré les myfteres dont on enveloppe ces négociations, il eft à craindre que le fecret ne s'évente ; il vaut mieux fe contenter d'un moindre bénéfice. Il faut aller loin du crime, loin du Public furpris & du Tribunal vengeur, jouir en fecret du fruit de fes forfaits : on multiplie les agens & les reffources pour tâcher de convertir des papiers dangereux en une fortune plus folide.

II. Mais la multitude même des négociations donne de la défiance fur les effets. Les inquiétudes des Acheteurs trahiffent le fecret ; l'affaire éclate. M. de Richelieu défavoue & porte à Madame de Saint-Vincent elle-même fes plaintes d'une *friponnerie* dont il ne peut encore la foupçonner *. L'impofture, furprife dans un moment imprévu, fe déconcerte & fe décele. Au lieu d'avouer les billets, & même une négociation qui n'auroit été qu'un manque de procédé, Madame de Saint-Vincent affecte une ignorance, inconciliable avec la réalité de fes titres *. Dans l'efpérance de pouvoir encore cacher fon crime, & d'en effacer les traces, elle

T

* V. ci-deffus, p. 54, 55, & 56.

* V. ci-deffus, pag. 59, 60, 61, 62, 63, 64, 65 & 66.

*V. ci-deffus, *ibidem.*

présente son propre Complice pour éclairer le mys-
tere qu'elle veut couvrir *. M. de Richelieu ne
tombe point dans ce piege grossier. On essaie de
souftraire à ses recherches le corps du délit. La sé-
duction, les menaces, le sacrifice d'une partie du
bénéfice, la ruse la plus criminelle, tout est employé
pour arracher des mains de Rubit & les titres fabriqués, & les certificats qui en décelent tout-à-la-fois
la fausseté & les complices *. Les alarmes de Madame de Saint-Vincent augmentent avec la méfiance
& les refus de ce négociateur. Elle ne peut obtenir de lui
que la promesse d'un secret dont elle veut s'assurer
par des artifices odieux *. Le péril s'accroit. Elle fait
les informations de la Police; elle essaie d'en rallen-
tir l'activité par de fausses confidences déposées dans
le sein du Magistrat; elle cherche à le tromper par
des détours; mais ces détours ne servent qu'à dé-
masquer les mensonges *. Alors tout est perdu : la
terreur s'empare de Madame de Saint-Vincent. La
paix du sommeil fuit son ame agitée par la crainte
& les remords. *Elle se meurt*; elle rappelle en vain
auprès d'elle ceux qui avoient coutume de porter la
consolation dans son cœur. Tout *l'abandonne*; elle
est perdue, il faut qu'*elle parte*; il lui faut de
l'argent, *sans quoi elle est prise* *; elle n'a plus de
ressource que dans une fuite, qui ne peut servir qu'à
prouver le témoignage de sa propre conscience.
Mais pour faciliter son évasion, au milieu même des
terreurs qui l'agitent, elle essaie encore de tromper
la crédulité publique par une nouvelle négociation
de ces mêmes titres qu'elle est prête d'abandonner *.

* V. ci-dessus, page 66.

* V. ci-dessus, pag. 67, 68, 69 & 70.

* V. ci-dessus, ibidem.

* V. ci-dessus, pag. 70, 71.

* V. ci-dessus, pages 71, 72 [illegible].

* V. ci-dessus, [illegible].

III. LA prudence du Gouvernement, en préve-nant ses projets, assure la vengeance de la Justice. Mais Madame de Saint-Vincent a pris des précau-tions pour détourner les pieces qui peuvent la tra-hir. Les billets non négociés, les lettres de M. le Maréchal qui auroient dû servir à sa justification, celles qu'elle a reçues du Major, tout est écarté ; & c'est dans des dépôts mystérieux qu'on est obligé d'aller chercher une correspondance dont on ne re-présente que des fragmens. Le Major lui-même a prévu que l'orage pourroit le menacer. Il a déposé chez la Courtiere des négociations les pieces qui peuvent dévoiler l'origine, l'objet & les progrès de l'intrigue. Cette Dépositaire trop fidelle dissimule une partie de ce dépôt précieux, que le seul hasard ramene sous la main de la Justice. Enfin la noirceur fabrique dans l'obscurité des prisons une derniere imposture destinée à couvrir toutes les autres [*]; mais ce fantôme fuit au moment où la Justice veut le saisir ; & Madame de Saint-Vincent, pour échapper à la punition d'un nouveau crime, abandonne elle-même le titre qui paroissoit le plus propre à opérer sa justification.

On n'avoit pas besoin de ces dernieres preuves pour convaincre Madame de Saint-Vincent. La fausseté des billets & des lettres, qu'elle attribue à M. de Ri-chelieu, étoit complétement démontrée par les trois réflexions qui ont précédé ; la Justice auroit même pu prononcer sur la seule preuve physique qui résulte de l'inspection des pieces.

[*] La préten-due paternité de M. de Riche-lieu.

Cependant Madame de Saint-Vincent n'avoue point encore fa défaite. Son intrépidité, ou plutôt la néceffité l'oblige de lutter encore contre la vérité qui la terraffe. Il lui refte quatre objeétions qu'il faut difcuter.

OBJECTIONS de Madame de Saint-Vincent.

Madame de Saint-Vincent appelle d'abord à fon fecours l'Abbé de Villeneuve, l'Abbé de Tranfe, l'Abbé Froment, Vedel & *fon cher Bennavent.* Leurs déclarations doivent juftifier fes affertions.

2°. Ces fignatures, que M. de Richelieu dénie, ont été reconnues par des perfonnes qui lui font attachées.

3°. S'il exifte un faux, d'où peut-il provenir ? Elle tient les billets de M. de Richelieu ; elle veut bien en faire le facrifice. Mais, s'ils font faux, eft-ce à Madame de Saint-Vincent qu'il doit en imputer la fauffeté ?

4°. Enfin, la pureté de fon origine, & le jugement de fa famille, celui fur-tout du vieillard refpeétable qui lui a donné le jour, écartent d'elle le foupçon d'un crime auffi horrible.

RÉPONSES.

Deux obfervations fuffiroient pour enlever à Madame de Saint-Vincent les témoignages importans qu'elle invoque. 1°. Tous ceux qu'elle appelle à fon fecours font eux-mêmes accufés, la plupart convaincus, ou au moins très-fufpeéts de complicité, & tous coupables d'avoir coopéré à des négociations trop évidemment frauduleuſes pour qu'ils aient pu les croire légitimes. 2°. Ils détruiſent la confiance, qu'ils veulent inſpirer, par l'affeſtation mal-adroite avec laquelle ils s'efforcent d'accréditer les fables de Madame de Saint-Vincent dans ces libelles injurieux où ils s'arrogent le droit d'impoſer au Public la loi d'adopter leur opinion ſur la queſtion du faux, au moment même où ils ſoutiennent qu'elle ne doit point les intéreſſer.

Mais approfondiſſons ces témoignages concertés, & voyons s'il eſt prudent à Madame de Saint-Vincent de les réclamer.

I. L'ABBÉ FROMENT n'a connu, ſelon lui-même, que ce dont Madame de Saint-Vincent a bien voulu lui faire part. Il n'a vu que ce qu'elle lui a montré. Il a vu & lu les deux mandats. Cela peut être : mais pourquoi avoit-il d'abord gardé une réticence ſuſpecte ſur l'acceptation? Et pourquoi a-t-il fallu le preſſer dans ſon interrogatoire, pour lui faire avouer qu'il avoit auſſi vu la ſignature du ſieur Peixotto? Pour ſe diſpenſer de s'expliquer ſur ce fait, il ſuppoſe qu'on ne lui a fait aucune confidence à cet égard. A la bonne heure : mais il trahit lui-même, ſans s'en appercevoir, Madame de Saint-Vincent. Cette fauſſe acceptation, qu'elle dit n'avoir été miſe que par plaiſanterie, n'avoit donc point été effacée ſur le champ, puiſqu'elle exiſtoit encore lorſque Madame de Saint-Vincent a montré le mandat au ſieur Froment. Elle a pu auſſi lui

Réponſe à la première Objection.

montrer de prétendues lettres de M. de Richelieu qui parloient d'argent ; mais ce n'est pas dans celles qu'il a vu réellement apporter par un domestique de M. de Richelieu, qu'il a remarqué rien de pareil ; il n'y a vu que des témoignages d'*affection* & de *zele*. Pourquoi d'ailleurs ne trouve-t-on point aujourd'hui, dans le dépôt de Madame de Saint-Vincent, ces lettres si précises qu'elle a montrées au Sr Froment, ces lettres dont il prétend se rappeller les termes, & par lesquelles M. de Richelieu *promettoit d'acquitter le mandat à son échéance ?* Peu importe que l'Abbé Froment ait vu écrire à Madame de Saint-Vincent la lettre du *treize*, & revenir le paquet du *quatorze*. Il n'a pas vu décacheter ce paquet important. Le porteur a passé dans l'appartement de Madame de Saint-Vincent qui l'y a suivi, & est rentrée dans la chambre de l'Abbé avec un paquet décacheté. N'oublions point enfin que ce plus proche voisin de Madame de Saint-Vincent, dans le Couvent, n'y a vu venir M. de Richelieu que *trois* ou *quatre* fois, & qu'il y a vu venir *assidument* le sieur de Vedel.

L'ABBÉ DE VILLENEUVE n'a de même été instruit que par des propos vagues de Madame de Saint-Vincent. Il a vu le mandat ; mais il se tait, par discrétion, sur l'acceptation. Tout ce qui s'est passé depuis ne lui a été connu que par les dépenses plus considérables qu'il a vu faire à sa tante. Elle les attribuoit aux bontés de M. de Richelieu, & ne lui faisoit aucune confidence plus intime. Il a vu entre ses mains une rescrip-

tion dont elle lui a diffimulé la véritable origine, puifqu'elle s'eft contentée de donner vaguement à cet effet
pour principe les prétendus bienfaits de M. de Richelieu, en lui taifant les billets qu'elle dit aujourd'hui
en avoir reçus, & la négociation qu'elle avoit faite
de l'un de ces billets au fieur de Preville, & qui étoit
la véritable fource de ces refcriptions. Enfin, il ne
s'eft plus mêlé des affaires de fa tante, & ne reparoît
fur la fcene que pour fe trouver le témoin de l'impreffion qu'a fait fur Madame de Saint-Vincent la
lecture de la lettre par laquelle M. de Richelieu *nioit
fes billets*; pour démentir l'interprétation qu'elle effaie
aujourd'hui de donner à cette même lettre, en fuppo-
fant que M. de Richelieu n'y défavouoit point fes
billets, mais en reprochoit feulement la négociation.

DE quelle utilité pourroit lui être l'Abbé de Tran-
ne? Il ne tient rien que d'elle-même; & il a eu l'imprudence de déclarer qu'il n'a été chargé d'écrire les
billets *qu'en Avril ou commencement de Mai*, & qu'il a
vu encore, à cette époque, *entre les mains de fa coufine le billet au porteur de* 300,000 *liv.*

LE fidele Bennavent ne peut pas la fervir plus efficacement, lorfqu'en plaçant l'époque de fa premiere
connoiffance au mois d'Avril 1774, il convient qu'il
ne peut être que fon écho fur tout ce qui a précédé.
Mais il la trahit lorfqu'il laiffe faifir fur lui les lettres
qui décelent la terreur dont M. de Saint-Vincent
étoit frappée, la fuite qu'elle préméditoit, les artifices
qu'elle a fait employés pour fermer la bouche à Rubis,
& le projet d'une nouvelle conteftation : lorfqu'il

laisse faisir sur lui le modele trop tardif de la réponse qu'elle auroit dû faire à M. de Richelieu, au lieu de celle du 16 Juillet : lorsqu'il affecte de déclarer qu'il ne tient que de Madame de Saint - Vincent la lettre qu'il suppose lui avoir été écrite par M. de Richelieu, pour rejetter sur elle le faux dont cette lettre est arguée : lorsqu'il avoue avoir reçu d'elle, *le 22 Juillet*, la commission de négocier encore des billets : lorsqu'il se reconnoit pour l'émissaire député au sieur Marion : lorsqu'il convient avoir offert à Rubit un cautionnement solidaire pour retirer de ses mains les billets : lorsqu'il soutient, avec persévérance, que M.^{de} de S.-Vincent lui a montré une lettre, par laquelle M. de Richelieu promettoit encore de souscrire de nouveaux billets : enfin lorsqu'il a l'audace d'attester au Public * que Rubit a montré au sieur Marion les billets avant de les acheter, & que M. de Richelieu a connu le billet de 60,000 liv., six femaines avant son départ, par une assignation que lui avoit donnée le sieur de Preville *dès le 17 Mai ;* tandis que Rubit n'a point osé lui-même alléguer un fait qui auroit été si intéressant pour lui ; tandis que la Justice a sous les yeux la premiere demande du sieur de Preville, qui n'est que *du 28 Juillet.*

* V. son Mémoire imprimé, page 11.

Daignerons-nous enfin porter nos regards sur les déclarations du sieur *de Vedel,* cet homme qui ne peut nier les liaisons les plus intimes avec Madame de Saint-Vincent ; disons-le nettement, cet homme que tout annonce comme le véritable complice d'un

crime

crime dont il devoit profiter (1) ? Il a vu, dit-il , les lettres écrites par Madame de S. Vincent & les réponfes de M. de Richelieu, qui conftatoient la réalité de fes promeffes. Il a mis lui-même les premieres à la Pofte ; il a retiré les autres du Courier. Cependant il ne fe trouve pas, au nombre des pieces dépofées, une feule lettre qui porte le timbre de la Pofte. Mais quand on lui fuppoferoit encore , contre toute évidence, une bonne foi que tout dément, & une erreur qui ne pouvoit plus fubfifter après toutes les preuves qu'il s'étoit procurées des menfonges de Madame de Saint-Vincent , que réfulteroit-il de fes déclarations & des prétendues précautions qu'il dit avoir prifes pour s'affurer de la vérité ? Une preuve de plus de la fauffeté habituelle d'une femme dont il favoit lui - même qu'on ne pouvoit trop fe défier. Madame de Saint-Vincent aura redoublé d'adreffe , en proportion des démarches que le fieur de Vedel prenoit pour fe garantir contre fes impoftures ; elle forcera de foupçonner de nouvelles intrigues du même genre que celles qui couvroient fa correfpondance avec Canron , & de nouvelles rufes qui échappent encore aux regards de la Juftice.

II. Mais, dit-on , Si M. de Richelieu croit pouvoir écarter ces premiers témoignages , comment échappera-t-il à ceux des perfonnes même qui lui

Réponfe à la deuxieme Objection.

------

(1) La preuve de cette complicité fera l'objet d'un Mémoire particulier,

V

font attachées ? Son Notaire, fon Tréforier, fon Avocat au Confeil, fon Intendant même, ont reconnu les fignatures qu'il dénie.

Ecartons d'abord le fait de l'Intendant. Rubit, d'après lequel Bennavent a ofé l'invoquer, n'a jamais prétendu avoir montré au fieur Marion les billets qu'il a achetés, avant d'en confommer la négociation ; & le défefpoir dans lequel il convient être tombé, lorfque cet Intendant lui fit lire & la lettre de M. de Richelieu du 12 Juillet, & la réponfe de Madame de Saint-Vincent du 16 *, prouve bien que, dans cette entrevue qui étoit la premiere, on ne lui a point attefté la fignature de M. de Richelieu.

* Voyez ci-
deffus, p. 66.

A l'égard des autres perfonnes, la furprife qui leur auroit été faite, ne pourroit prouver qu'une reffemblance, qui n'eft point une preuve de vérité. On vantoit la reffemblance d'écriture de la fameufe lettre colportée par Mc Lafitte, & cependant elle étoit fauffe. Il eft facile de fe méprendre fur une fauffe fignature contretirée à la vître d'après une véritable, lorfqu'elle eft préfentée feule, & féparée des moyens qui en peuvent faire découvrir la contrefaction. Madame de Saint-Vincent auroit été plus adroite, fi elle avoit été moins avide : la trop parfaite identité, qui fe trouve entre toutes les fignatures, n'auroit point trahi fon fecret. Au furplus le Notaire même, dont on invoque le témoignage, ne put s'empêcher d'obferver que la fignature lui paroiffoit *un peu maigre*, & pour s'autorifer de fon fuffrage il faut attendre que la repréfentation de toutes les pieces, lors du récolement, l'ait mis en état de porter un jugement plus éclairé.

III. Après toutes les preuves que M. de Richelieu a données du faux qu'il pourſuit, la Juſtice ne lui demandera point d'indiquer la main qui l'a commis, & n'attendra point qu'il détourne de lui les odieux ſoupçons de Madame de Saint-Vincent. C'eſt entre les mains de celle-ci que ſe trouvent les titres faux. C'eſt elle qui les a négociés; c'eſt elle qui en a profité; c'eſt donc elle qui a commis le crime, à moins qu'elle n'indique qui en eſt l'auteur. *Is fecit ſcelus cui prodeſt.*

Eh ! comment pourroit-elle ſe défendre de la préſomption légale que cette ſeule conſidération éleve contr'elle ? Une foule d'autres circonſtances la déſignent & la nomment pour l'auteur du crime. La multitude des autres faux dont elle eſt convaincue, le rapport des moyens qu'elle employoit avec celui qui a évidemment produit les douze fauſſes ſignatures, ne la dénoncent-ils point ſuffiſamment ? Les lettres même qu'elle a fabriquées, les précautions qu'elle a priſes pour défendre ſon crime, n'achevent-elles pas de confondre le ſubterfuge odieux dont elle s'eſt ſervie pour éloigner d'elle la vengeance de la Juſtice ? En un mot, les mêmes preuves qui démontrent le faux, ne lui ôtent-elles pas tout prétexte d'en rejetter le crime ſur une main étrangere ?

IV. La nobleſſe de ſon origine, & le jugement de ſa famille ne la défendront pas mieux.

M. de Richelieu fe fera toujours un plaifir & un devoir de rendre au fang illuftre dont eft iffue Madame de Saint-Vincent l'hommage qu'il mérite. Il eft fait pour fentir & refpecter le préjugé légitime qu'élevent en faveur de la Nobleffe Françoife ces fentimens d'honneur qui la diftinguent, & les vertus, pour ainfi dire, innées dont le germe fécond fe développe par l'éducation & fe nourrit par l'exemple. Mais ce préjugé, qui honore la Nobleffe, lui impofe des devoirs. Celui que fa naiffance éleve au-deffus des autres, contracte avec la Société l'engagement de faire revivre les vertus dont il reçoit l'hommage par anticipation. Manquer à cet engagement, c'eft renoncer au tribut d'un refpect qui feroit ufurpé. Mais abufer de la confiance même, qu'infpirent les titres dont on fe décore, pour fe livrer avec plus d'audace aux forfaits, pour tromper avec plus de fécurité la foi publique ; c'eft fe dégrader foi-même ; c'eft ajouter au crime une perfidie qui ne peut fervir qu'à provoquer la févérité de la Juftice. Si elle veut bien encore accorder au coupable, qui réclame les droits de fa naiffance, la diftinction d'un Jugement plus folemnel, ce n'eft que pour rendre fa punition plus éclatante.

L'INTÉRÊT peu réfléchi, & peut-être excufable, que paroîtroit prendre encore à Madame de S. Vincent une partie de fa famille, ne la garantiroit point, fans doute, du courroux de la Juftice. Mais comment a-t-elle pu reprocher à M. de Richelieu d'avoir annoncé un abandon, dont il avoit pour garant la paro-

le ſacrée du Chef même de cette famille reſpectable ?
En publiant la lettre du 23 Septembre, par laquelle ſon
pere paroiſſoit avoir invité le Marquis de Caſtellanne
à prendre ſa défenſe, elle a dû prévoir qu'elle for-
ceroit M. de Richelieu à publier auſſi celle qu'il en
avoit reçue dès le 13 Août. Comment s'eſt-elle expoſée à l'effet que doit produire la ſeule comparaiſon
des dates & du ſtyle de ces deux lettres ?

Il a fallu un intervalle de cinq ſemaines pour arracher, à un vieillard, affoibli par un accident qui le
conduiſoit au tombeau *, la rétractation des premiers
ſentimens qu'il avoit exprimés, lorſque ſon cœur &
ſon eſprit agiſſoient encore avec leur activité naturelle. Il ſeroit bien étonnant qu'un pere eût attendu
ſi tard à voler au ſecours d'une fille qu'il auroit cru
injuſtement perſécutée ? Mais la lecture des deux lettres, & la différence du ſtyle, mettront plus à portée de
diſtinguer celle qui préſente l'effuſion naturelle du
cœur, de celle où la foibleſſe n'a fait que copier la
rétractatiou oſtenſible, dont il avoit reçu le modele.
Les deux lettres ſont ſous les yeux des Lecteurs (1).

* Le Marquis de Vence, dans le courant du mois d'Août, s'étant trouvé dans le carroſſe de Madame de Marignane, dont les chevaux avoient pris le mors aux dens, & avoit voulu ſe précipiter hors de la voiture par la portiere, tomba ſur des pierres. Sa chûte fut ſi violente qu'il en eſt mort dans le mois de Novembre.

____

(1) Voici les deux Lettres écrites par le Marquis de Vence,
les 13 Août & 23 Septembre.

*Lettre écrite par le Marquis de Vence à M. de Richelieu
le 13 Août 1774.*

Permettez-moi, Monſeigneur, de ne vous expoſer d'autre
ſentiment que celui de l'affliction profonde dans laquelle je
ſuis abîmé. Je connois depuis long-tems les vices de la perſonne *monſtrueuſe* dont vous éprouvez les noirceurs. Je ne

V iij

Le fragment qu'on va rapporter de la premiere suffira pour mettre à portée de juger si elle ne contenoit *que*

vous diffimulerai même point, Monfeigneur, que j'ai été long-tems affecté de la protection que vous avez accordée à un fujet déshonorant pour fes parens, & pour un mari vertueux ; mais j'avoue que j'étois fort éloigné de connoître *l'atrocité du caractere*, & que je ne fuppofois dans la perfonne dont je parle, que les vices fcandaleux qu'elle mettoit en pratique fous les yeux du Public, tellement *que je ne puis difconvenir qu'au bout de plus de vingt ans de pénitence, je m'étois laiffé fléchir au point de confentir à quelqu'adouciffement à la rigueur d'un fort qu'elle avoit mérité, mais qui me paroiffoit expié par une fi longue pénitence* (1). Ainfi, Monfeigneur, j'avoue que bien que j'aie été fincérement affligé des chagrins que votre crédit caufoit à un homme que je ne puis me difpenfer de refpecter pour fes vertus, je fentois qu'un fentiment involontaire me confoloit en fecret des déplaifirs que vous avez occafionnés à un homme auquel je ne tenois que par les liens de l'eftime, qui font affurément les plus indiffolubles de tous, mais qui ne favent pas mettre en train les refforts du cœur avec autant de dextérité & de fenfibilité que les autres ; je penfois d'ailleurs que *la malheureufe créature à laquelle je prenois un intérêt fi naturel, devoit être corrigée, par le bénéfice du tems, des défauts qui l'avoient expofée au mépris public ;* d'autant que le genre de mépris dont je parle trouve bien des tolérans dans ce monde, lorfque le vice qui l'attire n'eft accompagné d'aucun de ceux qui excitent l'indignation. Je vous dois cet aveu, Monfeigneur, & j'y ajoute que les bontés dont vous n'aviez ceffé d'honorer le fujet dont il s'agit ici depuis les bienfaits dont il vous étoit redevable, avoient ranimé en moi des fentimens que j'avois cru pendant long-tems étouffés, & qui n'étoient qu'affoupis par le fouvenir du paffé ; *mais*

______

(1) C'eft donc avec le pere même de Madame de Saint-Vincent que M. de Richelieu avoit négocié cet arrangement.

des choses vagues sur cette malheureuse affaire. « Je con-
» noissois depuis long-tems les vices de la *personne*

---

*je vous dois aujourd'hui une autre profession de foi, & prends
la liberté de vous protester, Monseigneur, que depuis ce que
vous m'avez appris, j'abandonne la personne dont j'ai parlé
jusqu'à présent, à tout l'opprobre dont elle s'est rendue digne : trop
heureux si on pouvoit l'ensevelir avec elle dans quelque retraite ignorée de tout le reste du monde, & moins irrité encore contre son inconduite que contre l'impudence qu'elle a
eue d'avancer que des parens dont elle est la premiere qui ait
flétri le nom, consentiroient à partager son infamie, en se
montrant pour elle dans cette occasion.*

J'ai l'honneur d'être, &c.

*Lettre écrite par le Marquis de Vence à M. de Castellanne,
telle que Madame de Saint-Vincent l'a fait imprimer.*

A Aix, Vendredi 23 *Septembre* 1774.

J'ai recours à vous, mon cher Cousin, dans une occasion
qui me tient infiniment à cœur ; je viens d'apprendre avec le
plus grand étonnement qu'on veut faire usage contre ma fille
d'une lettre que j'ai écrite à M. le Maréchal de Richelieu.
Cette lettre étoit en réponse à des choses très - honnêtes
qu'il me disoit pour moi personnellement, & je n'ai pas pu
faire autrement que de lui répondre *des choses vagues* (1)
sur cette malheureuse affaire dont il me parloit.

Je sais que ma fille est incapable des horreurs qu'on lui
impute. La franchise, & j'ose même le dire, l'honnêteté de
son caractere en matiere d'intérêt, *excluent absolument* (2)
l'imputation qu'on lui fait d'une fausseté sans exemple ; c'est

---

(1) Celui qui a envoyé le modele de cette lettre n'avoit pas sous les yeux celle
que l'on vient de rapporter ci-dessus.

(2) Ce jugement est bien différent de celui que contient la premiere lettre ; & il
faut convenir que la rétractation est bien légere, si elle n'a pour motif que cette
considération.

» *monftrueufe* dont vous éprouvez les *noirceurs*,........

» Mais j'avoue que j'étois fort éloigné de connoître

» *l'atrocité du caractere*, & que je ne fuppofois, dans

» la perfonne dont je parle, que les vices fcanda-

» leux qu'elle mettoit en pratique fous les yeux du

» Public... Mais je vous dois aujourd'hui une autre

» *profeffion de foi*, & prends la liberté de vous *pro-*

» *tefter* que, depuis ce que vous m'avez appris, j'a-

» *bandonne* la perfonne dont j'ai parlé jufqu'à préfent

» *à tout l'opprobre dont elle s'eft rendue digne.* Trop

» heureux fi on pouvoit l'enfevelir avec elle dans

---

un témoignage que je ne cefferai jamais de lui rendre : je prendrai *toujours* à elle *l'intérét le plus vif* (3). Je vous recommande, mon cher Coufin, ma malheureufe fille (4), qui eft indignement vexée, & fur qui on veut imprimer une flétriffure qu'elle ne mérite pas, & qui rejailliroit fur moi & fur tous les miens. Si mon âge & mes infirmités (5) me le permettoient, il n'y a aucune démarche que je ne fiffe pour lui procurer la juftice qui lui eft due dans cette occafion. Je remets fes intérêts & les miens dans vos mains ; jamais affaire ne m'a autant intéreffé que celle-là : je ne vous en dis pas davantage, & finis en vous affurant, mon cher Coufin, de la tendre & fidele amitié que j'aurai toute ma vie pour vous (6).

Signé, VENCE.

(.) On auroit dû dire au moins, pour éviter un contrafte trop choquant, *je veux bien prendre déformais......*

(4) Voilà une recommandation bien tardive.

(5) On auroit dû dire, *& la chûte que je viens de faire & qui vraifemblablement doit me conduire au tombeau.*

(6) On laiffe aux Lecteurs à comparer le ftyle de cette lettre avec celui de la précédente, & à juger celle des deux qui appartient véritablement au pere.

» quelque retraite ignorée de tout le reste du mon-
» de, & moins irrité encore contre son inconduite,
» que contre L'IMPUDENCE *qu'elle a eue d'avancer que*
» *des* PARENS, *dont elle est la premiere qui ait flétri le*
» *nom,* CONSENTIROIENT A PARTAGER SON IN-
» FAMIE, *en se montrant pour elle dans cette occasion* ».

Pere infortuné ! vos yeux ne liront point au moins cet ouvrage destiné à justifier la proscription terrible que vous aviez prononcée. Le Ciel vous a épargné la douleur de survivre *à l'opprobre* de votre fille, & votre cœur ne sera point déchiré par le repentir d'une rétractation arrachée à une foiblesse trop excusable. C'est au Public instruit qu'il appartient de venger votre mémoire de la surprise indigne qui vous a été faite ; & ces vils artifices ne mettront point la coupable, que vous avez abandonnée, à l'abri des peines qu'elle a méritées.

Conclusion.

LES Magistrats ont sous les yeux toutes les preuves du faux que M. de Richelieu leur avoit dénoncé. Ils en connoissent les détails. L'énormité des sommes dont Madame de Saint-Vincent s'est fabriqué des titres, suffiroit pour exciter l'indignation ; mais ce qui aggrave son délit, c'est l'intrépidité, la persévérance & le sang-froid inconcevable avec lequel cette femme, à qui le crime est familier, a projetté, ourdi & consommé celui qui fait l'objet de cette accusation particuliere. L'audace de sa défense égale celle de ses forfaits. Elle a inventé les calomnies les plus atroces, pour colorer une justification impossible. Des li-

tienne la parole donnée de n'être qu'un mois où vous êtes ; 2°. d'avoir un féjour honnête & prompt, hors Montargis, que je vous conseille très-fort d'écarter.

Voilà, ma chere Coufine, tout ce que je puis vous confeiller de mieux pour votre bonheur, où je voudrois fort pouvoir contribuer.

A Verfailles, ce 12 *Avril* 1771.

N°. II.

Lettre véritablement écrite par M. de Richelieu.

Je ne feré jamais étonné *d'une étourderie* de votre part ma très chere bonne coufine mais vous ete cependant faite pour être bien aimée il me femble que l'interêt que vous ne devez pas douter que je prens a ce qui vous regarde meritoit un peu que *vous m'en difiez quelque chofe mais je n'en fuis pas a cela près avec vous* & pourvu que vous foyez heureufe, je feré content.

Ce lun.

Lettre contrefaite fur la véritable.

Je ne feré jamais étonné *que vous me dite* de vot part, ma très chere bonne coufine mais vous e cependant faitte pour être bien aimée, il me fem que l'interêt que vous ne devez pas douter que prends a ce qui vous regarde méritoit un peu q *vous me croyez. J'enverrai votre mandat fi je ne fu pas à Paris ces jours ci* & pourvu que vous foy heureufe je feré content, *mais vous prendrez le ti pour vous guider.*

Ce lun.

N°. III.

Lettre écrite par le fieur de Vence à M. de Richelieu le 13 *Août* 1773.

Permettez-moi, Monfeigneur, de ne vous expofer d'autre fentiment que celui de l'affliction profonde dans laquelle je fuis abîmé. Je connois depuis long-tems les vices de la perfonne *monftrueufe* dont vous éprouvez les noirceurs. Je ne vous diffimulerai même point, Monfeigneur, que j'ai été long-tems affecté de la protection que vous avez accordée à un fujet déshonorant pour fes parens, & pour un mari vertueux ; mais j'avoue que j'étois fort éloigné de connoître *l'atrocité du caractere,* & que je ne fuppofois dans la perfonne dont je parle, que les vices fcandaleux qu'elle mettoit en pratique fous les yeux du Public, tellement *que je ne puis difconvenir qu'au bout de plus de vingt ans de pénitence, je m'étois laiffé fléchir au point de confentir à quelqu'adouciffement à la rigueur d'un fort qu'elle avoit mérité,* mais qui me paroiſſoit expié par une ſi longue pénitence (1). Ainſi, Monſeigneur, j'avoue que bien que j'aie été ſincérement affligé des chagrins que votre crédit cauſoit à un homme que je ne puis me diſpenſer de reſpecter pour ſes vertus, je ſentois qu'un ſentiment involontaire me conſoloit en ſecret des déplaiſirs que vous avez occaſionnés à un homme auquel je ne tenois que par les liens de l'eſtime, qui ſont aſſurément les plus indiſſolubles de tous, mais qui ne ſavent pas mettre en train les reſſorts du cœur avec autant de dextérité & de ſenſibilité que les autres ; je penſois d'ailleurs que *la malheureuſe créature à laquelle je prenois un intérêt ſi naturel, devoit être corrigée, par le bénéfice du tems, des défauts qui l'avoient expoſée au mépris public ;* d'autant que le genre de mépris dont je parle trouve bien des tolérans dans ce monde, lorſque le vice qui l'attire n'eſt accompagné d'aucun de ceux qui excitent l'indignation. Je vous dois cet aveu, Monſeigneur, & j'y ajoute que les bontés dont vous n'aviez ceſſé d'honorer le ſujet dont il s'agit ici depuis les bienfaits dont il ous étoit redevable, avoient ranimé en moi des ſentimens que j'avois cru pendant long-tems étouffés, & qui n'étoient qu'aſſoupis par le ſouvenir du paſſé ; *mais je vous dois aujourd'hui une autre profeſſion de foi, & prends la liberté de vous proteſter, Monſeigneur, que depuis ce que vous m'avez appris, j'abandonne la perſonne dont j'ai parlé juſqu'à préſent, à tout l'opprobre dont elle s'eſt rendue digne : trop heureux ſi on pouvoit l'enſevelir avec elle dans quelque retraite ignorée de tout le reſte du monde, & moins irrité encore contre ſon inconduite que contre l'imprudence qu'elle a eu d'avancer que des parens dont elle eſt la première qui ait flétri le nom, conſentiroient à partager ſon infamie, en ſe montrant pour elle dans cette occaſion.*

J'ai l'honneur d'être, &c.

Lettre écrite par le ſieur de Vence à M. de Caſtellanne, telle que Madame de Saint-Vincent l'a fait imprimer.

J'ai recours à vous, mon cher Couſin, dans une occaſion

---

(1) C'eſt donc avec la famille même de Madame de Saint-Vincent que M. de Richelieu avoit négocié cet arrangement.

qui me tient infiniment à cœur ; je viens d'apprendre avec le plus grand étonnement qu'on veut faire ufage contre ma fille d'une lettre que j'ai écrite à M. le Maréchal de Richelieu. Cette lettre étoit en réponfe à des chofes très - honnêtes qu'il me difoit pour moi perfonnellement, & je n'ai pas pu faire autrement que de lui répondre *des chofes vagues* (1) fur cette malheureufe affaire dont il me parloit.

Je fais que ma fille eft incapable des horreurs qu'on lui impute. La franchife , & j'ofe même le dire, l'honnêteté de fon caractere en matiere d'intérêt , *excluent abfolument* (2) l'imputation qu'on lui fait d'une fauffeté fans exemple ; c'eft un témoignage que je ne cefferai jamais de lui rendre : je prendrai *toujours* à elle *l'intérêt le plus vif* (3). Je vous recommande , mon cher Coufin, ma malheureufe fille (4), qui eft indignement vexée , & fur qui on veut imprimer une flétriffure qu'elle ne mérite pas, & qui réjailliroit fur moi & fur tous les miens. Si mon âge & mes infirmités (5) me le permettoient , il n'y a aucune démarche que je ne fiffe pour lui procurer la juftice qui lui eft due dans cette occafion. Je remets fes intérêts & les miens dans vos mains ; jamais affaire ne m'a autant intéreffé que celle-là : je ne vous en dis pas davantage, & finis en vous affurant, mon cher Coufin , de la tendre & fidele amitié que j'aurai toute ma vie pour vous (6).

Signé , VENCE.

Aix , Vendredi 23 *Septembre* 1774.

---

(1) Celui qui a envoyé le modele de cette lettre n'avoit pas fous les yeux celle que l'on vient de rapporter ci-deffus.

(2) Ce jugement eft bien différent de celui que contient la premiere lettre ; & il faut convenir que la rétractation eft bien légere , fi elle n'a pour motif que cette confidération.

(3) On auroit dû dire au moins, pour éviter un contrafte trop choquant, *je veux li n prendre déformais.*

(4) Voilà une recommendation bien tardive.

(5) On auroit dû dire , *& la chûte que je viens de faire & qui vraifemblablement doit me conduire au tombeau.*

(6) On laiffe aux Lecteurs à comparer le ftyle de cette lettre avec celui de la précédente , & à juger celle des deux qui appartient véritablement au pere.

Nº IV.

ANALYSE des deux lettres des 12 & 16 *Juillet* 1774, & *réflexions importantes fur ces lettres.*

Comme ces deux lettres portent avec elles la conviction dans l'efprit, par les conféquences qu'elles offrent de toute part, on croit devoir les analyfer avec la plus grande exactitude. Elles ont été écrites dans ces momens fi précieux à la vérité, parce que les Parties intéreffées ne font encore placées que vis-à-vis d'elles-mêmes. Elles renferment des reconnoiffances refpectives & contradictoires, qui deviennent des preuves victorieufes contre des allégations poftérieures enfantées par la néceffité de la défenfe.

D'abord il eft impoffible d'élever des doutes fur le point de fçavoir fi la lettre de M. de Richelieu étoit conçue dans les mêmes termes que la copie qui en eft repréfentée : on en a donné des preuves évidentes. Madame de Saint-Vincent a reconnu la copie pour être conforme à l'original qu'elle dit avoir perdu. Elle ne difpute que fur un feul mot, qui feroit indifférent. Mais ce feroit inutilement qu'elle auroit méconnu une vérité qui fe prouve par la feule comparaifon des deux lettres. La réponfe de Madame de Saint-Vincent fuppofe néceffairement dans la lettre originale de M. de Richelieu tout ce qu'on lit dans la copie qu'il en préfente : les voici toutes deux.

Lettre de M. de Richelieu.	*Réponfe de Madame de Saint-Vincent.*
J'aprends avec *étonnement*, ma chere coufine, u'il fe négocie pour 200000 liv. *de billets fignés e moi.*	Mon cher coufin, je reponds vite a votre lettre qui m'a caufé autant *d'etonement* qu'à vous *la nouvelle de ces billets* . . .
Ce qui *m'étonne* encore davantage c'eft u'on m'a dit *que vous etiez melée la dedans e que je ne puis croire.*	& *du nom de Madame de St Vincent qu'on dit etre melée la dedans* & que j'ignorois parfaitement
Je vous prie d'écouter vec bonté le fieur Marion mon Intendant qui ous remettra cette lettre & *l'aider a demeler fil de cette friponerie,* que vous avez autant 'intérêt que moi a ne pas laiffer impunie*..	j'envoie cette lettre à Mr Marion par une perfonne *qui pourra l'aider a decouvrir quelque chofe.* Et j'embraffe mon cher coufin. *Ecrivez moi ce que vous aprendiez.* Et aimez moi toujours. Car je fuis bien fâchée contre ceux qui me nomment fans me conoitre.
je e vous parlerai pas d'autre chofe dans cette ttre.	

Ces deux lettres, ont un rapport si nécessaire entr'elles que la seconde suppose évidemment la première écrite dans les termes que l'on vient de rapporter.

Voyons maintenant les conséquences qui résultent de ces deux lettres. Pour en bien prendre le sens, il faut en placer les auteurs dans la position qui les représente au moment où elles ont été écrites.

M. le Maréchal de Richelieu apprend à Bordeaux qu'on négocie à Paris des billets au porteur, prétendu signés de lui ; & que c'est Madame de Saint-Vincent qui les répand dans le Public. De deux choses l'une : ou M. le Maréchal connoissoit la vérité de ces billets, ou il étoit sûr qu'ils étoient faux. Dans la première hypothèse (1), il lui étoit impossible de les désavouer vis-à-vis de Madame de Saint-Vincent, à qui il n'en pouvoit pas imposer ; & dans ce cas, en convenant de la vérité des billets, il ne lui restoit que le droit de se plaindre du procédé de Madame de Saint-Vincent, & d'une négociation précipitée faite avant le terme convenu.

Si ces billets étoient faux, M. le Maréchal de Richelieu a dû les désavouer, annoncer les recherches & les poursuites les plus rigoureuses, interroger Madame de Saint-Vincent sur la part qu'elle pouvoit avoir à la négociation qu'on lui imputoit, enfin l'inviter à se joindre à lui par intérêt pour elle-même, pour faire punir les coupables. Voilà ce que M. le Maréchal de Richelieu a dû nécessairement écrire dans l'une ou l'autre hypothèse.

Voyons à laquelle des deux répond la lettre qu'il a fait remettre à Madame de Saint-Vincent, par son Intendant, datée de Bordeaux le 12 Juillet, & qui lui a été rendue le 16 *après midi*. Chaque expression mérite la plus grande attention.

J'apprends avec étonnement, ma chère Cousine, qu'il se négocie pour DEUX CENS MILLE LIVRES *de billets* SIGNÉS DE MOI. (1)

____

( ) *Nota.* Cette première hypothèse est le système présenté par Madame de Saint-Vincent.

(2) *Nota.* Il est essentiel de remarquer que M. le Maréchal ne parle que de 200,000 francs. Erreur dans laquelle il n'auroit point donné, s'il eût sçu avoir souscrit pour 425,000 livres de billets.

Que Madame de Saint-Vincent ait négocié des billets dont M. le Maréchal auroit connu la vérité ; cette nouvelle n'auroit point eu de quoi l'étonner ; il n'auroit eu à se plaindre suivant, Madame de Saint-Vincent elle-même, que d'une négociation anticipée ; & dans ce cas, il se seroit contenté de lui mander, qu'il apprenoit avec étonnement, qu'elle négocioit ses billets ; mais ce n'est point seulement sur la négociation que tombe l'*étonnement* de M. le Maréchal de Richelieu, c'est sur ce qu'on les négocie comme *signés de lui*, parce qu'il est sûr de n'en avoir point souscrit. Lui auroit-il marqué sa surprise sur ce qu'on répandoit des billets *signés de lui*, s'il en avoit été l'auteur ? Il s'exposoit à être confondu par Madame de Saint-Vincent qui auroit eu connoissance de la vérité de sa signature.

Ces premieres expressions renferment donc un désaveu formel des billets. Celles qui suivent répondent à la même idée : *ce qui m'étonne encore d'avantage, c'est qu'on dit que vous êtes mêlée là-dedans, ce que je ne puis croire.* Plaçons-nous toujours dans la premiere hypothese. M. le Maréchal de Richelieu avoit fait des billets au porteur ; il les avoit remis à Madame de Saint-Vincent ; il apprend qu'ils se négocioient ; il ne pouvoit donc pas douter qu'elle ne fût l'auteur de cette négociation. Cependant son *étonnement* redouble en apprenant *qu'elle est mêlée là-dedans, & il ne peut le croire.* Sa surprise a donc un autre objet que la négociation. Elle vient de ce qu'étant sûr que les billets sont faux, il ne peut croire qu'une femme de qualité, sa parente, & qu'il avoit obligée, *soit mêlée* dans une fausseté si atroce. Le sens de cette surprise détourné à un autre objet, c'est-à-dire, à la négociation, seroit une absurdité.

Passons à la suite de la lettre. *Je vous prie d'écouter avec bonté le sieur Marion mon Intendant, qui vous remettra ma lettre, & l'aider à démêler le fil de cette fripponnerie :* arrêtons nous à la premiere partie.

Si les billets avoient été vrais, quelle explication le sieur Marion devoit-il avoir avec Madame de Saint-Vincent ? M. le Maréchal de Richelieu, dans cette hypothese, les avoit souscrits ; Madame de Saint-Vincent les avoit négociés, il en étoit inftruit ; il fçavoit qu'il y en avoit au moins une partie de négociés. Le fieur Marion en avoit fait lui-même la découverte ; il n'avoit donc rien à apprendre à cet égard , le mal étoit fans remede.

Mais comme M. le Maréchal de Richelieu avoit affuré le fieur Marion que les billets étoient faux , il avoit intérêt de favoir fi Madame de Saint-Vincent avoit part à cette intrigue, par qu'elles mains elle avoit paffé , le montant des billets négociés ou à négocier , & toutes les autres circonftances que l'inftruction a depuis adminiftrées.

Et l'aider à démêler le fil de cette fripponnerie. Ces expreffions n'ont point befoin de commentaire. M. le Maréchal de Richelieu traite de *fripponnerie* ces billets, parce qu'il les déclare faux. Il invite Madame de Saint-Vincent à fe joindre à fon Intendant *pour la découvrir.* Il eft donc impoffible d'appliquer ces expreffions à une fimple négociation.

Mais cette négociation même de billets fuppofés vrais n'auroit point été *une fripponnerie.* D'ailleurs le Sr Marion n'avoit pas befoin du fecours de Madame de Saint-Vincent pour la découvrir, elle étoit publique ; elle n'avoit pas elle-même de grands efforts à faire pour concourir à cette découverte, puifque la négociation étoit fon ouvrage.

Que vous avez autant d'intérêt que moi de ne pas laiffer impunie. Quoi, Madame de Saint-Vincent a autant d'intérêt que M. de Richelieu à faire punir une négociation indifcrete dont elle eft feule l'auteur ! Elle a intérêt de fe faire punir elle-même d'une démarche, qui peut être un défaut de procédé , mais qui n'eft point un crime *qu'elle ait intérêt de ne point laiffer impuni* ! L'abfurdité de cette interprétation révolte la raifon , & décele l'embarras d'une Accufée convaincue.

Qu'il refte donc conftant que la lettre de M. le Maréchal de Richelieu ne répond point à la premiere hypothefe, c'eft-à-dire, à la vérité fuppofée des billets ; qu'il eft impoffible d'en détourner le fens au fimple reproche d'une négociation prématurée, & enfin que toutes les expreffions renferment le défaveu le plus formel des billets prétendu *fignés*

de

de lui, qui font *une fripponnerie qui ne doit pas refter im-punie.*

C'eft ainfi que M. le Maréchal de Richelieu s'en explique à l'inftant même qu'il apprend la nouvelle de la négociation. C'eft le premier mouvement qu'elle excite en lui. Et à qui ce premier mouvement eft-il adreffé ? C'eft à Madame de Saint-Vincent, qu'il favoit bien qu'il ne pouvoit pas tromper, & qui pouvoit le déshonorer en publiant fon défaveu.

Après cette explication, il faut analyfer à fon tour la réponfe de Madame de Saint-Vincent. Elle fut envoyée le 17 Juillet au matin décachetée au fieur Marion par le fieur Bennavent, & elle eft datée du 16. Pour mieux fentir l'intelligence des expreffions qu'elle renferme, il faut placer Madame de Saint-Vincent dans la pofition où elle devoit être à la réception de la lettre de M. le Maréchal de Richelieu. De deux chofes l'une : ou cette lettre contenoit le défaveu des billets, ou un fimple reproche de la négociation. Dans le premier cas, la réponfe de Madame de Saint-Vincent ne devoit refpirer que l'indignation & la menace des pourfuites les plus déshonorantes pour M. le Marééhal de Richelieu. Dans le fecond cas, elle devoit s'excufer de la négociation anticipée fous prétexte de befoins & de la néceffité. Voyons encore à laquelle de ces deux idées répond la lettre de Madame de Saint-Vincent.

Mon cher Coufin, je réponds vîte à votre lettre qui m'a cau-fé autant d'étonnement qu'à vous la nouvelle de ces billets.

Madame de Saint-Vincent convient donc d'abord que M. le Maréchal a dû être étonné de la *nouvelle des billets* fuppofés *fignés de lui.* Elle partage à cet égard la furprife de M. le Maréchal ; ce qui fuppofe qu'elle penfe comme lui, que ces billets font faux, ce qui produit en elle *l'étonnement* que lui caufe la lettre de M. le Maréchal.

Et du nom de Madame de Saint-Vincent qu'on dit être mêlé là-dedans, & que j'ignorois parfaitement. Madame de Saint-Vincent ignore donc toute cette intrigue, & les billets, & la négociation. Elle eft étonnée *d'être mêlée là-dedans.* Quoi ! elle avoit entre les mains des billets vrais, elle les faifoit né-

gocier, & cependant elle méconnoît toute cette intrigue !
Peut-on un déaveu plus formel, & qui suppose plus évidemment celui que contenoit la lettre de M. le Maréchal de Richelieu ?

J'envoie cette lettre à M. Marion *par une personne qui pourra l'aider à découvrir quelque chose.* Ces expressions sont bien importantes. Madame de Saint-Vincent croit donc qu'il y a quelque chose à découvrir, & entrant dans les vues de M. le Maréchal de Richelieu, elle veut concourir à cette découverte. Pour cet effet elle envoie au sieur Marion une personne qui pourra *l'aider.* Or quel pouvoit être l'objet de ces recherches & de ces découvertes ? Madame de Saint-Vincent n'avoit besoin de personne pour découvrir le fil des négociations, puisqu'elles étoient son ouvrage. Il seroit donc absurde de faire tomber ces expressions sur la négociation. C'est donc sur la fausseté des billets que devoient tomber les recherches & les découvertes. C'est donc un aveu formel que Madame de Saint-Vincent fait à M. de Richelieu, puisqu'elle veut concourir avec lui pour découvrir cette fausseté, & ceux qui en sont coupables. C'est dans le sens même de la lettre de M. de Richelieu qu'elle propose de se joindre à lui pour découvrir, quoi ? Ce qu'il y qualifie de *fripponnerie.* Voilà donc une reconnoissance bien éclatante de la fausseté des billets. Car l'alternative est nécessaire : ou la lettre de Madame de Saint-Vincent suppose cette fausseté, ou elle n'a rapport qu'à la négociation. Or il est démontré qu'aucune des expressions qu'elle renferme ne peut convenir à cette derniere idée, & que par son analogie avec la lettre de M. le Maréchal de Richelieu, tous les termes répondent à la premiere idée, c'est-à-dire, à la fausseté des billets.

On a donc eu raison d'annoncer ces deux lettres comme seules décisives. Elles contiennent des reconnoissances respectives & contradictoires de la vérité que la Justice a tant d'intérêt de découvrir. D'un côté, M. le Maréchal de Richelieu déclare qu'il n'a jamais souscrit de billets au profit de Madame de Saint-Vincent ; d'un autre côté, elle reconnoît qu'elle n'en a jamais reçu, & que s'il en existe, ils sont faux ; car c'est la conséquence nécessaire qui résulte des lettres.

Quelle preuve plus forte pourroit-on défirer que celle que préfentent l'aveu & les déclarations que les Parties intéreffées fe font réciproquement ? Et quelle lumiere ces aveux ne répandent-ils pas fur le furplus de l'inftruction qui elle-même n'en a pas befoin ?

On ajoutera à cette analyfe une obfervation qui mérite quelque attention, & qui développe quelles étoient les vues de Madame de Saint-Vincent quand elle a envoyé par le fieur Bennavent fa réponfe décachetee au fieur Marion. Comme elle ne pouvoit pas foutenir à M. le Maréchal de Richelieu la vérité de fa fignature, elle étoit forcée d'en avouer la fauffeté ; mais M. le Maréchal de Richelieu étoit à Bordeaux, c'étoit le fieur Marion qui feul faifoit des recherches & qui avoit fait les dernieres découvertes. On cherchoit à en arrêter l'activité, en lui faifant connoître un défaveu qui paroiffoit les rendre inutiles, & on vouloit profiter de fon inattention, pour multiplier les négociations avant qu'elles puffent être arrêtées par des pourfuites judiciaires.

D'un autre côté on lui avoit envoyé le fieur Bennavent, confident de toute l'intrigue, pour tâcher de l'abufer & de l'arrêter, & pour apprendre en même tems de lui, les découvertes que fes recherches avoient pu lui procurer, pour régler fur elles, la conduite des acteurs & la marche de l'intrigue. Ces vues ont dû fi naturellement entrer dans l'efprit de Madame de Saint-Vincent, qu'elles fe préfenteront à toutes les perfonnes qui les compareront aux deux lettres qu'on vient d'analyfer.

Me TRONCHET, Avocat.

E R R A T A.

Page 11, ligne 25, 12 Avril 1772, *lif.* 1771.

Page 66, ligne 20, fes bellers, *lif.* billets.

Page 72, ligne 11, Videl. *lif.* Vedel.

Page 73, ligne 17, un billet de 2000 livres, *lif.* de 20000 livres.

Page 75, addition. Voyez le Mémoire de Bennavent, page... *lif.* page 26.

Page 82, ligne 14, infcription du faux, *lif.* infcription de faux.

Page 83, ligne 25, pour fon Secrétaire, *lif.* fous-Secrétaire.

Page 84, ligne 23, pour fon Secrétaire, *lif.* pour l'un de fes fous-Secrétaires.

Page 88, ligne 28, inte rogation, *lif.* interrogatoire.

Page 121, ligne 22, après le mot mcme, *lif.* perfonne.

Page 126, ligne 7, 13 20000 livres, *lif.* 1325000 livres.

Page 130, ligne 5, moyennent, *lif.* moyennant.

Page 141, ligne 2, échaage, *lif.* échange.

9 782329 807706